文化としての経済

川田順造 編

シリーズ国際交流 7

山川出版社

本書は、国際交流基金の機関誌『国際交流』(季刊)
第83号(1999年4月1日発行)の特集「文化とし
ての経済」を、書籍として再編集したものです。
本文は、1999年の初出時の原稿のままを原則と
しております。

はじめに

――〝人間中心の経済〟を取り戻すために

「文化」という言葉を、「洗練された、高尚なもの」に限定するのではなく、いまでは一般の通念になりつつあるように、「人間の生きる営みの総体」を指して用いるとすれば、「文化としての経済」という標題は、自明のことの言い直しと思われるかもしれない。だが現実には、いま敢えてそのような題をかかげて議論することに、意味があると私は思うのだ。

二十世紀が次の世紀にのこした最大の負の遺産の一つは、「貧富の差の拡大」だといえるのではないだろうか。それは地球大のレベルでの、地域間、国家間、民族間についても、一つの地域、国家、民族の内部についてもいえることだ。二十世紀は、二度の世界大戦と絶え間ない国際武力衝突による、人間同士の大量の殺し合いによっても特徴づけられるだろうが、同時に、ある面でそれらの戦争が加速させた科学技術の発展によって、一つの到達点としては空前の物質的繁栄が実現された時代だったともいえる。

ただし「物質的繁栄」には括弧をつける必要があるので、その内実をよくみれば、「もっと多く、もっと早く、もっと楽に」という、人間の根源的な欲求三原則の実現が無思慮、無節操に、追い求められた結果だといってもいいだろう。人類のごく一小部分に、物質上の豊かさがもたらされた一方で、それら「高開発」社会との関係で、多くの「低開発」社会が生まれた。誤解があってはならないが、「低開発」も「貧」も関係概念であり、「高開発」や「富」があって、それとの関係で生みだされるのだ。そして温暖化問題をはじめとして、地球環境も大きく傷つけられた。

いわゆる南北関係、開発援助・協力が問題化し、東西対立で優位に立つために南北関係が利用され、あるいは南北関係のために東西対立が利用された。だがそのような構図は、計画経済によって貧富の差を解消しようとする理想を掲げたイデオロギーが、少なくとも現実の政策としては破産した一つの結果として、消滅した。勝ち誇った市場原理が世界を席巻し、自由競争という仮面をつけた弱肉強食が、それと背馳する人権擁護とともに、グローバル・スタンダードにされつつある。狭義の経済問題だけでなく、二酸化炭素排出やワシントン条約など自然保護をめぐっても、南北関係は南の低開発側に不利に進行している。

いうまでもないことだが、「グローバル・スタンダード」は、「ユニバーサル・スタンダード」と取り違えられてはならない。「グローバル」(地球を覆う)は、現実の力関係の結果だが、「ユニバーサル」(普遍的)は人間の価値観に関わるものだ。「グローバル」な力によって、「ローカル」(地方的)に追いやられたもののなかに、そこに生きる人たちが世代から世代へと培ってきた「パティキュラー」(特殊)な価値観があり、それは、「グローバル」なものに対して弱小な「ローカル」なものだからという理由で、切り捨てられるべきではない。行き詰まった人類のこれからにとっての、真に「ユニバーサル」な価値観を模索するために、積極的に再考され、再評価されるべきなのだ。

累積債務が増大するなか、「債権者の論理」に基づいて、アメリカを中核とする国際金融機関の求める構造調整プログラムが強行されて、首切りや賃金カットにおびえていたアフリカの人たちや、規制緩和・貿易自由化の荒波にもまれる日本の農山漁村の人たちのなかに身を置いて研究してきた人類学者の一人として、私は、いまこのようなグローバル・スタンダードによって、人間も天然資源も、まもなく取り返しがつかなくなるほど荒廃しつつあるのを、ひしひしと感じる。

それは、経済性、効率性が最優先され、南北関係では国際レベルでの「債権者の論理」がこれに加わって、ひきおこされているものだ。日本の面積の七割を占める山林は、経済価値を失って放置され、治水や海の生態系にも悪影響を及ぼしはじめているが、それは安くて建築材としても簡便な製材済みの外材に、日本の山の木が取って代わられたからだ。このことは、熱帯の木材の濫伐やそれを日本に運ぶ船の二酸化炭素放出とも連動している。給与生活者にとっても、能力・能率主体の賃金体系が広まって、経済効率からいえば合理的とはいえず、生ぬるいが、人間のにおいのする年功序列方式とは逆の労働観が、優勢になりつつある。

人間が自然と共生しながら、皆でできるだけ幸せに生きるために経済行為があるのではなく、経済の原則、より正確には市場原理に奉仕するために、人間があくせく生きている、もしくは死にかけている、そして人間と自然の関係も、いたるところでバランスを崩しつつある現在の世界。「はたらく」ということ「ものをつくる」ということの、単なる経済行為ではない原初的な意味を問い直してみること、そして経済行為自体をもう一度、人間が生きる営みの総体のなかに置いて考えてみること――それも近代資本主義経済の枠をはずした、古来の交換とか贈与とか、メセナとか、統計資料では把握できないが多くの社会で根源的重要性をもっている「インフォーマル・セクター」も含めた、時間的にも空間的にも人類的視野で——が、いまほど求められているときもないといえるのではないだろうか。

「文化のなかの経済」を正面から問題に据えた、だが課題の大きさからみて、ともかくその検討の発端をつくり、問題の所在を明らかにすることを志した共同作業の結果として、この一冊がある。できる限り広い視野で、そして複眼的に、人間が経済する行為を文化のなかに置いて捉え直すこと。そのために、限られた紙数ではあるが、いまの日本で考えうる最善の執筆者が参加して下さった。

この本が、〝人間中心の経済〟を取り戻す方向に一歩を進めるうえでの、ささやかではあれ確かな貢献となることを、編集の役を務めた者として願っている。いうまでもなく、貢献とはいっても、この一冊がすぐ問題解決に役立つわけではない。対症療法的発想からは、問題の根源を問い直す、真のラディカリズムは生まれえないという私たち執筆者の共通認識は、この標題で本をつくる大前提だったのだから。

二〇〇一年三月、アメリカのブッシュ新政権が、市場原理を優先し、地球温暖化防止の京都議定書からは離脱すると発表したことが報じられた日に

川田順造

目次

はじめに——〝人間中心の経済〟を取り戻すために……川田順造　i

I「経済」以前

財の意味論と価値論……山内　昶　4

自由は文化を超えるか——ノーベル経済学賞　アマーティア・センに学ぶもの……佐藤　仁　21

手仕事幻想……川田順造　33

Ⅱ　文化と経済をとらえる視座

贈与と交換からとらえた世界……伊藤幹治　50

ポリティカル・エコノミー論の射程
――グローバル／ローカルの対立図式を超えて……大塚和夫　68

Ⅲ　経済活動におけるエスニックなもの

華僑・華人「経済文化」の検証……三尾裕子　86

「見えざるユダヤ人」とバザール経済……堀内正樹　101

Ⅳ　文化が経済を、経済が文化を演出する

文化と経済のボーダーランド
――ボルネオ南西部国境地帯の調査から……石川　登　118

ルネサンス美術のパトロネージ……若桑みどり 130
バリ島観光開発からの問い……永渕康之 145

V 座談会

アフリカ狩猟採集民の経済にみる社会変容の構図……市川光雄 164
菅原和孝
〈誌上参加〉原口武彦
司会 川田順造

文化としての経済

I

「経済」以前

財の意味論と価値論

山内 昶

シロアリとハンバーガー

例えば今日の日本では、なぜシロアリを食べないが、ハンバーガーは食べるのか。シロアリなんてとんでもない。あんな不潔で気味の悪い虫を食べるなんて、思っただけでもぞっとする、というのが大方の意見だろう。しかしシロアリを嗜食している人々は、世界中に多いのである。いや、チンパンジーも好んで食べていた。その意味では、霊長類にとって由緒正しい伝統食といえるだろう。

一方、都会ではファーストフードのハンバーガーショップがどの街角にも見られ、どこでも繁盛している。ハンブルク生まれのこの食品は、若者たちの好物の一つといってもよいほどである。だが、江戸時代の人々は、果たして食べただろうか。今日のわれわれがシロアリに対して示すのと同じ拒否反応を、先祖たちはハンバーガーに示したに違いない。

何を食べるか食べないかの基準は、普通そのモノの有用性にある、とされている。ところが人類学者のM・ハリスによると、シロアリのほうがハンバーガーよりはるかに栄養価が高い。一〇〇グラム当たり、前者は後者に比べてカロリーで二・五倍、タンパク質で一・八倍、脂肪では二・七倍も多かった。その他必須アミノ酸やビタミンB類も含まれている。味も試食してみた友人の話では、炒《い》ったらけっこういけるそうである。

売っていないから食べないのだ、という人があるかもしれない。しかし、毎年相当の被害が出ていることから明らかなように、日本にはイエシロアリやヤマトシロアリがたくさん生息し、繁殖力も旺盛である。需要がありさえすれば、アフリカの大型種を移入して、量産することなどわけもない。広い牧場や穀物飼料、人手の必要な牛肉よりコストもずっと低いだろう。日本には現在シロアリを食べる習慣が普及していないから、店頭に並ばないだけなのである。

文化が効用をつくる

この事実――わざと極端な例を挙げたのだが――は、モノに対する従来の価値観を引っ繰り返すだろう。財の選好はそのモノの使用価値（効用）によって規定される、というのが経済学の常識なのだから。もしこの公理が貫徹していたら、日本人はハンバーガーよりシロアリを選好していたはずだった。ところが、そうはならなかった。食習慣という文化がつくりだした欲望の体系が、モノの価値をつくりだし、生産を励起させていたわけである。

むろん人間も動物だから、生物学的、生理学的制約を受けるのは当然である。金属や岩石など消化できないもの、あるいは毒キノコや毒草など食べたら死ぬものは、どんな文化でも可食域に入っていない。ところがその一方で、麻酔性、酩酊性の向精神飲食物を好んで摂取し、許食域に入れている文化も多い。あたったら即死するテッポウ(フグ)が日本で珍味とされているのが、その好例だろう。この事実は、生態学的適応は生存の下限を決定するだけで、その特殊な文化形式を規定しないことを示している。人間は単に生きているだけではなく、ある一定の文化の意味体系のなかで生きているのだから。欠損した本能に代わって、文化がモノに意味と価値を与えていたのである。

それゆえ、と人類学者のM・サーリンズはその『人類学と文化記号論』(一九七六年)で、こう断言した。

人間固有の特質は、他のすべての有機体と分有する状況としての物質界の中で生きねばならぬことではなく、まさに人間の能力の独自性を示す、自ら考案した意味体系に従って生きているという事実にある。それゆえ、文化が物質的制約に順応しなければならぬという事実ではなくて、決して単一ではない一定の象徴体系に従って、このことが行われるという事実を、文化の決定的特質——それぞれの生活様式に、それを特徴づける固有性を与えるものとしての——だと考えるわけである。

だから、「効用が文化をつくりだすのではなく、文化が効用をつくりだすのだ」と。先祖が忌避したはずのハンバーガーを子孫が喜んで食べているのは、その舌の上で、アメリカ風生活への漠然とした憧れや現代的機能性、あるいは都会的センスといった、意味の味覚をたっぷり味わえるからなのである。

経済学の忘れ物

この事実は、従来の経済学の価値論に深刻な反省を迫るだろう。周知のように、価値論には二つの流れがあった。

その一つはA・スミスやD・リカードに始まり、K・マルクスによって批判的に継承された、いわゆる古典派の労働価値説である。この理論では、財の価値は、社会的、平均的にそこに投下された労働時間量に規定される、と考える。しかしこれは、商品の交換価値を規定するだけであって、使用価値には関係しない。富の素材的内容をなす属性としての効用は、商品に本来そなわっているものと前提されているだけだった。布地は、昔の農家の主婦が家族向けの自家消費に織ったものでも、機械制大工場で販売のためにつくられたものであっても、同じ効用を持っている。消費局面に現れる使用価値を見ただけでは、なぜ一方が商品であり、他方が非商品であるのかわからない。具体的有用労働によって生産される使用価値財は、「社会的欲望の対象であり、したがってまた社会的関連の中にあるとはいえ、どのような社会的生産関係をも表現しない」。それゆえ、「経済的形態規定に対してこのように無関係な場合の使用価値は、すなわち使用価値としての使用価値は、経済学の考察範囲外にある」（マルクス『経済学批判』、一八五九年）とされたのである。

生産システムの差異を論じる経済学にとってはそれでよいかもしれないが、しかし文化学にとってはこれでは困るのである。なぜ同じ布地が男用、女用の着物として、あるいはズボン、スカートとして織られ、裁断され、縫製されるのか、これでは決定できないからである。「史的唯物論は、使用価値の性質についての問題に答えそこなった。もっと正確にいうと、この使用価値の《欲求》を秩序づける人間やモノについての文化コードの問題に答えられなかった」(サーリンズ)といわねばならない。

一方、C・メンガーやW・ジェボンズに始まり、二十世紀の新古典派まで続く効用価値説では、財の価値は、特定の個人の欲望を満足させる程度、より厳密にいえば、各財の最終単位のもたらす限界効用に求められた。一見この理論は、個人の主観的欲望に根拠をおいているようでありながら、その実、欲望は経済学にとって単なる与件にすぎず、むしろ触れてはならない聖域とされ、経済学者の仕事は、消費者の欲望満足の極大化条件を明らかにすることにある、とされてきた。経済学者のJ・ガルブレイスがいうように、「財貨が必要なものか不必要なものか、重要なものか重要でないか、というようなことは経済学の領域に入らないものとされた」(『豊かな社会』、一九五八年)のである。びっくりした人類学者のM・ダグラスはこう述べている。

驚くべきことに、人がなぜ財を求めるか、考えてみるとだれも知らない。需要理論は専門分野《ディシプリン》としての経済学にとってまさしくその中核、さらにいうなら起源ですらある。けれども、この主題をめぐる二百年に及ぶ思考は、先の問いについて示すべきものをほとんど持たない。[……]経済学者たちは人がなぜ財を求めるかという問いを注意深く避けており、示唆を与えないことを美徳としてさ

えいるのである。(『儀礼としての消費』、一九七八年)

文化の道具観

こうした伝統的経済学の視座からすると、文化はまるで生存の必要を満たすための用具的存在、実利的枠組みにすぎない、と考えられてしまう。人類学者のB・マリノフスキーによると、人間は二つの実用的目的から文化を形成してきた。第一に、「まず何よりも、物質代謝、生殖、体温の生理学的条件などのような、生物学的必要のシステムを、あらゆる文化は充足させねばならない」。そして第二に、「どの文化達成も、人工物や象徴体系の使用を含むが、これは人体の道具的強化を達成したものであり、身体的必要の充足と間接的、直接的に結びついている」(『文化の科学理論』、一九四四年)。したがって未開人の眼には、「世界は、ただ有益な動植物種のみ、しかもその中で第一に食用に供することのできるものが浮き出して見える混沌とした図として与えられる」(『魔術・科学・宗教』、一九四八年)ことになる。だが、カオス的世界に食物として浮かび上がってくるのがシロアリかハンバーガーかは、コスモスとしての文化の概念格子、意味分類の網の目をとおしてなのだ。人類学者のC・レヴィ=ストロースが巧みにいったように、自然種から食物が選出されるのは、《食べるによい》からではなく、《考えるによい》から(『今日のトーテミズム』、一九六二年)だったのである。もっとも、未開人を合理的で功利的な経済人《ホモ・エコノミクス》ととらえる近代的謬見に陥ってはならないと、マリノフスキーがその『西太平洋の遠洋航海者』(一九二二年)でつとに忠告していたことを、彼の名誉のために付け加えておかねばならないが。

ところが、この訓告にもかかわらず、何人かの形式主義人類学者（R・バーリングやE・ルクレアーなど）は、新古典派の旗手、L・ロビンズの有名な《希少性の定理》に基づいて、未開経済を文明経済の用具概念で分析し、両者を混同してしまった。つまり、どんな社会でも、人間は満足の極大化をめざして、希少な資源や時間を、代替手段を効果的に用いて合理的に配分するよう行動する、というわけである。こうなると、赤ん坊に乳をやるべきか昼寝をすべきか、男の家で雑談すべきかヤムイモを植えるべきかという未開夫婦の時間配分も、利潤極大化の最適解を求めて何をどれだけ生産すべきかを決定する企業家の合理的経営行動と、何の相違もなくなってくる。

その最もドラスティックな例は、社会学者G・ホマンズの、《P（利潤）＝R（報酬）－C（費用）》という等式だろう（「交換としての社会行動」、一九六一年）。これでは狩猟民も資本家になってしまう。なぜなら獲物の探索エネルギー（C）は、常にその獲得エネルギー（R）よりも小さい（さもないとこの資本家は死んでしまう）のだから、利潤（P）が常に存在することになるだろうから。これでは文化は利害損得の硫酸槽の中ですっかりその内実を溶解されて、引き上げてみれば利益極大化という抽象的な計算装置が現れてくるだけだろう。

贈与と売買

だが、文化は単なる功利的用具でも利益拡大の道具でもない。このことは未開経済をみればいちばんよくわかるだろう。

例えば奇妙なことに、そこでは財がいくつかのカテゴリーに分類され、重層化され、単一の範疇に統一されていないことを、多くの人類学者は明らかにした。トロブリアンド諸島では財は貴重品《ヴィグア》、日常品《ググア》、農作物《カウロ》の三つに分別されていた（マリノフスキー）し、ニューギニアのシアネ族でも同じく三つに（R・ソールズベリー）、マエ・エンガ族では五つの領域に（M・メギット）弁別されていた。P・ボハナンによると、ナイジェリアのティヴ族では貴重財、威信財、生存財の三分域があり、男財と女財に分割されているところ（サモア、アマゾンのデサナ族）もある。これらの財は階層制をなしていて、同一カテゴリー内では交換可能だが、分域が違うと原則として交換できなかった。最高位の財には、それ自体大して使用価値のないガラクタ同然のもの、例えばブタの牙（ティコピア島）やクジラの歯（フィジー）、熱帯植物パンダヌスの古びたマット（サモア）やラフィアヤシのマット（レレ族）さえ含まれていることがあった。メギットがいうように、「貴重財を含めて、交換可能なすべての財は欲望の程度に基づいて序列化」（「ブタはわれらの心臓」、一九七四年）され

珍しい伝統的貨幣——腕輪にされたザイールの貨幣
（国立民族学博物館蔵）
撮影　財団法人千里文化財団出版部

ていたのである。つまり、ある財の価値は他のカテゴリーの財との質的差異から発生していたが、この示差的価値は文化がつくりだす欲望と効用に規定されていたわけである。まるで価値のないモノに最高の価値が付着するのは、神話や先祖の思い出とか友情の証《あかし》、あるいは敵との和睦の印として、それがものいわぬ象徴言語になっていたからにほかならない。

同様の象徴化過程は、財の交換にもみられた。スーダンのヌアー族について、人類学者のE・E・エヴァンズ=プリチャードは興味深い話を記録してくれている。この地方には早くからアラブ商人が入り込み、貨幣=商品経済を浸透させていた。ヌアーの人々は商店で一度何かを買うと、お金がなくともやってきて、品物をタダでくれるようせびった。いったん売買関係が成立すると、それは同時に友人関係が成立したことを意味したからである。困った仲間がやってきたら当然助ける義務が相手にあると信じていたので、黙って商品を持ち去っても、拒まれたら強奪しても、窃盗や強盗の罪になるとは考えてもいなかった。悪いのは友情を裏切る商人のほうだったのである。

買うことに対する彼らの考え方は、商人に何かを与えたがゆえに、その商人はあなたを助ける義務を負っている、ということを基本にしている。それは同時に、彼の店にあるものであなたが自分の欲しいものをくれと言えば、彼はそれをあなたにくれるべきだということでもある。なぜなら、彼はあなたの贈り物を受け取ったことで、あなたと相互依存関係にあるからである。だからコクという語には《買う》と《売る》の両方の意味がある。二つの行為は、相互関係という単一の関係の一表現にすぎない。ヌアー流の考え方においては、この種の交換に含まれているのは、物と物との関係

ではなく、人と人との関係なのである。(『ヌアー族の宗教』、一九五六年)

アラブ商人にとって、買い手は、仕入値より高い小売値で商品を売って利益を上げるべき単なる手段にすぎなかった。相手の人格など問題ではなく、ただ貨幣を持っているかどうかが取引の要件であるにすぎない。「儲けよ」という経済コードに従って、商品と貨幣が交換されて利益が実現すれば、関係は即座に解消されて、再び無関係という無縁な他人の関係に戻るだけである。

ところがヌアー人にとっては、モノのやりとりには、友情、信頼、仲間意識、人間の共同的連帯性などの精神的、道徳的価値がつきまとっていて、人と人とを結びつける機能を持っていた。さまざまな意味や価値を運ぶ記号として、モノは人間関係を媒介し、連結し、相互依存の共同関係を創出する象徴的媒体にほかならなかったのである。この食い違いからしばしば争いが起こったが、これは商品経済と贈与経済とが衝突した波打ち際で、大航海時代以降世界のいたるところで発生した相克の一局面にすぎない。

ついでにいっておくと、売買を一語で表現する言葉は、アフリカだけではなくアメリカにもオセアニアにもあった。ヨーロッパ諸言語の母となった印欧基語の《与える(dō-)》にも、ヒッタイト語の《取る(dā-)》にみられるように、元来《コク》と同じ二重の意味があった。今日の日本や西洋でも、クリスマスや誕生日に家族や恋人間で贈り物をするが、これは愛情の印としての象徴的価値が、市場社会のなかでも私的領域でだけ、まだ財に残存していることを示している。恋人のプレゼントにすかさずその代金を払ったら、恋愛関係の冷却を示唆するだろう。贈与は人を結びつけるが、売買は人を分裂させるのである。

いや、現代社会にも財は象徴的な意味と価値とを帯びている、と反論する人があるかもしれない。その証拠に、豪邸に住み、莫大な貴金属や預金を持っている大富豪は、社会的ステータスが高く、尊敬されているではないか、と。確かにそうだが、しかしこれは人間がモノによって代置された物象化的錯視にすぎない。下世話にもいうように、裸になって風呂に入れば、皆同じただの人なのだから。

この点についておもしろい話がある。カラハリ砂漠のクンサン族のある男は、交換網を通じてたくさんのヤギを手に入れ、熱心に飼育し、繁殖させていた。ところがその財産に比べてあまりにも婚資が少なく、ケチだという評判が立ったので、彼の息子には嫁の来手がなかった。経済的次元では大いに成功したが、社会的次元ではこの父親は落第者だったわけである（クラークとブラント『狩猟民から農民へ』、一九八四年）。経済学者のC・グレゴリーもいうように、贈与者と資本家の動機は正反対であって、「後者が純収入を極大化しようとしているのに対し、前者は純支出を極大化しようとしている」（『ギフトと商品』、一九八二年）のであった。

気前のよい浪費

「贈与せよ」という互酬性の文化コードに従って、だから未開社会では、さまざまなハレの機会にもケの日にも、絶えず財が流通していた。南米のアチェ族では「自分の殺した獣を自分で食べてはならない」という厳しい自家消費のタブーがあった。だから狩人は一生のあいだ、他人のために獲物を殺し、自分の食料は仲間からもらっていた（P・クラストル）。オーストラリアのアボリジニでも、アフリカのサンやムブティ族、インド洋のアンダマン島でも、いたるところの狩猟採集民では同様である。パプアニューギニアのカパウク族では、私的蓄蔵をはかった族長は、「一人だけ富者であってはならない。皆が平等であるべきだ」という理由で、殺されてしまった（L・ポスピシル）。タヒチでも私的貪欲は最大の悪徳とされ、せがまれても財を手放すのを拒んだりすると、たちまち隣人たちにその財産を破壊されてしまった（十八世紀のダフ宣教師団）。アフリカのベンバ族では、穀物の収穫がたくさんあっても何の得にもならない。皆が押し寄せてきて分配しなければならないだけだった（A・リチャーズ）。極北に住むイヌイットでも、「食物が欠乏する時期に空腹を抱えているのは、かえってたくさん獲物をとった狩人とその家族のほうだった。気前よく手元にあるものは何でもくれてやるから」（J・スペンサー）なのである。

だが何といっても、こうした気前のよい贈与の典型例は、北米北西岸の有名なポトラッチだろう。ヌートカ、ハイダ、トリンギット族などでは、誕生日や族長の就任式などのハレの日に、多くのゲストを招いて盛大な祝宴を催す風習があった。せっせとためた莫大な量の財をホストは客に提供し、手元に何一つ残してはならない義務を負う。最も派手に財を蕩尽《とうじん》した者が、いちばん偉いとされた。ときには、お返しに何も望んでいないことを示すために、貴重財である銅板やカヌーを水中に沈めたり、住んでいるテントを燃やすことまであった。

一方、招かれた客人は別の機会に、今度は自分がホストとして、先に招いてくれた人々を招待しなければならない。もし返礼がなされないと、名誉を失墜し、奴隷の境遇に落とされることさえあったのである。

同様なポトラッチ型の儀礼的消費は、オセアニアでもアフリカでも広汎にみられた。例えばニューギニアのメルパやエンガ族では、モカとかテとか呼ばれる、敵対集団間ないし同盟集団間での連鎖状の盛大な儀礼システムがあり、数年間隔で波状的に財が往復していた。祝宴のたびごとに、何百頭という貴重なブタが殺され、サツマイモとともに石蒸しにされ、宴の果てたあとには食べきれなかった多量の食物がむなしく散らばっていた。利益に目のくらんだ西洋人は、びっくり仰天して、未開人は気が狂ったのではないか、この饗宴は狂宴ではないかと疑い、何とか功利主義的な理屈をつけて解釈しようとしたものである。

だが、未開人は文明人よりもはるかに正気だった。経済コードではなく文化コードに従うことで、財の暴走を防止し、モノによって人間が支配されることを防御していたからである。有形の財はここでは、その莫大な浪費と蕩尽によって、引き換えに面子《メンツ》、体面、威信、名誉といった無形の精神的、社会的価値を獲得する手段であり、また人々や集団間の共同的連帯性を強化し、敵対的集団間の対立を和平に転換する人間的、政治的価値実現のための手段にほかならなかった。与え手=受け手のあいだに大量の財を転移させることで債権=債務の地位的差異をつくりだし、このいわば力のポテンシャルの落差から意味エネルギーを取り出して、人間関係を活性化し、社会関係を絶えず再創造していたわけである。

ちなみにつけ加えておくと、《親切なもてなし(hospitality)》の印欧基語は ghosti- であって、「相互に歓待の義務を負う者」を意味したらしい。英語では語頭の子音が脱落した《主(host)》と気音 h が脱落した《客(guest)》とに分かれたが、ラテン語のhospes、フランス語のhôteは同時に主客を表している。《コク》同様、それは相互依存の同一関係の両面を表現する言葉だった。互酬関係では主客は常に互換可能であり、さらに《異人、敵(hostis)》をも贈与によって人質(hostage)とし、友人、仲間に転換できたことを示している。

文化と経済の包摂関係

一見すると、こうしたポトラッチ型の贈与競争は、現在の高度消費社会の大量浪費現象と似ていると思われるかもしれない。何しろバブルがはじけて不況になると、政府までもが「もっと浪費せよ」と商品券までばらまくご時世なのだから。

だが、見かけの類似性に欺かれてはならない。これまで未開経済という用語を使ってきたが、実は未開社会には経済など存在しなかった。これについても多くの証言があるが、人類学者K・ポランニーの有名な一節で代表させておこう。

一般的結論として、物的財の生産と分配は非経済的種類の社会関係の中に埋め込まれている、ということができる。制度的に分離した経済システム——経済的制度の網の目——が存在するとはいえなかった。[……]しかしながら、その用語を経済史に適切なただ一つの意味、すなわち当然ながら、物的財の生産と分配に関係する行動の特性を含むものとするなら、その場合われわれは、経済システムはもちろん存在しているけれども、制度的に分離したものではなかったことを見いだす。実際に、それは他の非経済的制度の作用による、一つの副産物にすぎなかった。(『人間の経済』遺稿集、一九七七年)

つまり、財の生産と分配は他の社会制度のなかに埋め込まれ、包摂されて、独立した制度とはなっていなかった。生産は有限な消費を目的とした《必要のための使用価値生産》であり、労働といった概念すらなく——それはしばしば遊び、ダンスあるいはセックスと同一語だった——、経済活動は社会集団や社会関係のなかの役割に応じて行われる、ボランティアな奉仕活動にすぎなかった。

ここで《必要のための生産》という意味は、むろん生物学的、生理学的な一次的欲求だけではなく、社会的、文化的な二次的欲望をも含む広い概念である。だからポトラッチ型の大量消尽もできたわけだが、しかし欲望は社会が規制し、その対象である物財も文化的意味や価値に規定されていた。何をどれだけ生産するかは、生存から儀礼までのすべての局面で社会的、文化的に決定され、消費が目的因として先在し、それに合わせて生産が行われ、欲望が充足されればそこでやむというように、目的と手段との関係がすみずみまで透明だった。人間が常に生産の目的であり、生産が人間の目的ではなかったのである。だからこそ人類は、何百万年ものあいだ、自然と共生しながら過少生産構造に基づく定常経済状態を続けてこられた。人類学者のE・テレーが指摘したように、

使用価値の支配とは、生産が消費によって、それゆえ実在する必要《ニーズ》によって規定されていることを意味する。生産者は、一定の有用性を持った一定量のモノを、直接ないし交換によって手に入れよ

うと努め、このモノを自己消費ないし誇示的消費に充てる。剰余生産が行われるのは、こうしたモノを獲得するための自己手段としてだけである。生産がここでは消費に従属しているのだから、新しい必要の出現を促迫させることはない。外部からの介入がなければ、必要は不変のままであり、したがって開発の強度もまた不変(『マルクス主義と未開社会』、一九六九年)

だったわけである。そして文化を広義にとって、物質文化の上位概念だとすれば、文化がモノの効用を明快に規定していたのだから、文化が経済を包摂していたといえるだろう。

これに対し、先進資本主義社会では、経済関係が社会関係から分離、独立して暴走を始めてしまった。《利潤のための交換価値生産》の目的は、もともと資本の無限の価値増殖にあるから、ある特定の文化的欲望に応じて特定のモノが生産されるのではなく、資本の無限の自己増殖欲に準拠して、モノが過剰に生産されるようになり、欲望のシステム自体が生産のシステムに組み込まれ、依存するようになってしまった。かつては文化が欲望をつくり出し、その欲望がモノの効用をつくり出していたのが、現代では経済が文化に取って代わり、文化を価値増殖の手段として自分のなかに包摂してしまったのである。シロアリを食べるか食べないかは純然たる文化現象だが、ハンバーガー嗜好は、いかにして余剰農産物を売りつけ、利潤を極大化するかという国際資本の謀略に踊らされた経済現象にほかならない。

こうした大量生産=大量浪費=大量廃棄の過剰生産経済が、自然の人間的価値を破壊し、ともに人間の精神的、文化的価値をも荒廃させていることは、日々目の当たりにする現実であって、いまさら詳論するまでもあるまい。原理的にいって無限の経済成長などありえないのだから、いずれ人類には二十一世紀のどこかで経済システムの組み換えが要求されるだろう。豊かさとは、サーリンズやダグラスが指摘したように、物財の量的多さにあるのではなく、人間と人間との相互関係の深さと温かさにあるのだから。阪神大震災に遭遇したわれわれはモノが凶器となる恐怖を味わって、モノへの欲望を失うモノ離れ現象を起こし、最高の究極的価値は人間の心にあることを痛感したものだった。物欲のニーズではなく人間的ニーズを確立するためには、未開人の英知に学んで、しかしより高い次元でもう一度経済を文化のなかに埋め戻し、包摂する努力が必要だろう。だが、この問題について論じるのは、本稿のテーマの範囲を超えるし、すでに与えられた紙数も超過してしまった。関心のある方は、拙著『経済人類学の対位法』(世界書院、一九九二年)や、『経済人類学への招待』(ちくま新書、一九九四年)を参看していただければ幸甚である。

自由は文化を超えるか

――ノーベル経済学賞　アマーティア・センに学ぶもの

佐藤　仁

一九九八年度のノーベル経済学賞を、インド出身の経済学者アマーティア・センが受賞した。アジアからは初めての経済学賞とあって、その注目度は高い。

厚生経済学や哲学理論、途上国の開発や飢饉の研究など、彼の守備範囲は実に広いが、ここでは、広い意味での文化と経済のこれからに関心を寄せる人が、二十一世紀を展望するうえでセンからいったい何を学べばよいのか、ということに限定して、私なりの話をまとめようと思う。なお以下の文章は、センのこれまでの議論を私なりにくみ取り、彼のものの見方や方法論的側面にフォーカスしながら、できるだけ平易に整理したもので、必ずしも彼の引用ではないことをお断りしておく。

文化は手段か本質か

文化と経済の関係を考えるうえで、大ざっぱに二つの見方ができる。一つは、文化は経済に従属するもので、経済を拡大したり、停滞させたりする副次的な手段であるとする見方、もう一つは、文化とはそれ自体が価値の対象として評価されるべきもので、手段としての位置づけから独立して本質的な重要性を持っているという見方である。前者はしばしば経済学者によってとられることの多い立場であり、後者は文化人類学者の多くが支持する見方であろう。私の知るかぎり、センは経済学者としては珍しく後者の立場にある人ではないかと思う。なぜなら彼は、ある経済的帰結（例えば、ある人の所得が低いこと）それ自体よりも、そこに至る（あるいは「至らない」）過程で作用している社会的要因を、結果と同じくらい重視する人だからである。

経済の変化や成長を考えるうえで、「文化」は数学的な定式化になじまない「残余」として扱われることが多い。資本や労働力だけで説明しきれないものは「文化的要因」と呼ばれ、片づけられてしまう傾向がある。この場合の文化とは、経済の変化に従属する「手段」として位置づけられており、それが経済の成長や効率化を妨げたり、逆に促進したりする側面だけが重要視されている。儒教的な社会制度は成長に寄与するかどうか、日本の企業文化は労働生産性にどのように影響するか、などといった問いはこの分類に属する。

その一方で、文化とは人のさまざまな営みに価値を配分している母体である、とみることもできるだろう。それぞれの社会で暮らしていくにあたって重要とされる営みや「正しい」とされる行いが、文化に応じて異なっていることに不自然はない。例えば、ある社会では個人の自由が重要視される一方で、他の社会では集団の規律が尊重されることもある。この場合の「文化」は、それが手段として何の役に立っているかにかかわりなく、それぞれの社会的な行為に固有の意味をもたらしている点で、本質的な意義を持つ。ここでの文化は、国や地域といった地理的・空間的なくくりだけでなく、それぞれの社会において男性と女性に期待される役割、職業など、地理的な条件以外にも規定されながら、重層構造をなしている。

1998年度ノーベル経済学賞受賞のアマーティア・セン（1933〜，ケンブリッジ大学トリニティー・カレッジ学寮長）の学問的アプローチは，国連開発計画（UNDP）に理論的支柱を提供するなど，世界的にも大きな影響を及ぼしている。
©ロイター・サン

さて、センは、さまざまな文化を通じて客観的な暮らしぶりのよさを判定するための、共通の枠組みを考えた。従来の枠組みでは、それぞれの文化で人に満たすことが要請される機能（例えば、栄養を満たすこと、社会に参加すること）において必要となる財（例えば、特定の資源や所得）の保有量が重視されていた。センは、同じ資源を持っていてもそれを価値のある機能に転換する能力には個人差があることに着目し、財の保有量ではなく、機能そのもの（何ができたり、できなかったりするのか）に注目することを提案する。栄養を満たすという機能は、それがどのような物的手段や方法（例えば、食材や調理法）によって満たされようとも、どの文化においても重要になる機能である。健康な生活を送ることや、社会生活に参加することも、文化の個性に依存するのはその道筋であって、機能そのものではない。このような、いわば普遍的で文化を超えた共通項となるような機能に格差がみられるところに目をつけ、そこから社会の分析を始めるのが、センのやり方なのである。

一般に、人間としての基本的な機能には、生物学的な上限がある。栄養の充足にはある一定の食料があればよく、それ以上は無駄にされる（あるいは害になる）ことが多いし、寿命のほうも、生存環境が比較的恵まれた先進諸国をみるかぎり、当面は八十歳前後が標準的な最高値であろう。ますます重要になっている「読み書きできる能力」も、財貨のように独り占めできるような性質のものではない。つまり、これらの基本的な機能を達成する能力は、人が生きるうえでの基礎として、文化の違いにかかわらず平等に配分されるべきものであると議論できる。さらに重要なのは、これらの達成に必ずしも大規模な財源が必要になるわけではないということである。中国やスリランカ、あるいは一部のインド諸州のように、

GNPで測った経済的な豊かさでは劣っていても、人々の基礎的な機能に優先的に配慮した公共政策によって、優れた成果を上げている地域もある。

機能への着目は、このように、どこで暮らしているかにかかわらず人間の生活を支えている諸条件の普遍的な側面を照らし出し、そこに存在する貧困や不平等といった問題を、いっそう直接的な形で明らかにしてくれる。所得や資源は、価値ある機能を達成するための手段にすぎず、しかも常に機能の達成を保証してくれるわけではない。もっと直接的に、「何ができて、何ができないのか」をみるべきである、というのがセンの考え方である。この枠組みのなかで、センがとりわけ重視しているのが、さまざまな生き方の可能性を選びとる「自由」である。では、自由と文化はどう関係しているのだろうか。

自由の非相対性

アメリカを中心とする西側諸国が、中国やその他のアジア諸国でみられる人権侵害的な行為を攻撃するときに、しばしばそれに対する反論として「アジア的人権観」が持ち出されることがある。これは端的にいえば、アジアには欧米と異なる人権概念があり、欧米的な発想を押しつけるのは内政干渉であるという議論である。それに対しセンは、少なくとも特定の人々の自由や、それに基づく市民参加を社会制度の中心に位置づけるという考え方は、欧米に固有のものではなく、アジアをはじめとするほとんどの社会の伝統のなかにすでに存在している、という。逆にいえば、民主主義的な思想があたかも西欧でのみ生まれたかのように振る舞い、その結果として、「文明の衝突」という言葉に凝縮されるように、西欧と非西欧の「違い」を色濃くするような問題設定の仕方は誤っている、ということである。

一般的な大義としての「人権の尊重」から発展して、「すべての人」に平等な人権があるという踏み込んだ考え方になると、それはアジア諸国だけでなく、欧米にとっても非常に新しいものだ、とセンは指摘している。例えば、自由の重要性について早くから言及しているアリストテレスをとってみても、女性と奴隷は自由の対象から除外されていた。一方で、多様な伝統を持つアジア諸国を眺めると、儒教や仏教のなかで、個人の自由や寛容の精神は重要なものとして尊重されている。センによれば、前三世紀におけるインドのアショカ王は、思想的な教えとしてだけでなく政治的な中身を与えたうえで、すべての人に対して寛容と個人的自由の尊さを諭したという。ポイントは、西欧にしろ、非西欧にしろ、それぞれの伝統文化は一言でくくりきれないような多様性を内包しているということなのである。これは、諸個人の自由に反するような頑《かたくな》な伝統を持つとされるイスラム地域においても当てはまる。ほとんどの社会は、そのなかに複数の価値基準を内包しており、そのどれか一つだけ（とりわけ、各国スポークスマンの演説目的に都合のよいような「文化」）をとって、あたかもその社会全体を代表する「文化」であるかのように単純化するのは間違っている、ということである。

最も不遇な人々のための選択肢の拡大

個人の主体的な選択を基礎とする自由という概念が、相対的で、地域や文化に応じて異なるという側面を過度に尊重すると、身分差別や女性への明らかな冷遇・搾取が長く存在してきた社会を批判する根拠がなくなってしまう。相互に連結している社会的な営みの一部だけを切り出して、そのあり方を批判することには確かに危険が伴うが、そうかといって、すべてに対して完全な相対主義がまかり通れば、極端な搾取や不正義も批判にさらされずに生き延びていくことになる。だからこそ、その時々に政治的な力の勝る国々の価値の基準を押しつけるのではなく、さまざまな文化が共存する共通基盤を、当該文化の内部に見いだしていく作業が必要になるのである。

とはいえ、これは簡単なことではない。自由だけをとってもさまざまなタイプがあり、それぞれが互いに衝突することもありうるからである。個人の自由と集団の自由が対立する場合をはじめとして、自由の一般的な価値を認めたうえでも、なお迫られる選択の壁がある。例えば、経済のグローバル化は多くの人々の経済機会を拡大する可能性を持っているが、その拡大がその経済の方向を定めるうえでの人々の自律性を喪失させてしまっていることも多い。これらは、異なるタイプの自由のあいだに生じる葛藤であり、理知的な選択が難しいだけでなく、そもそも選択の余地がないことも往々にしてある。

文化は、それ自身が自らに課している制約を解放するような芽を内包していることもあるだろうし、逆にある側面においては、一部の人々の自由を制約するような働きを持っていることもあろう。国際的な交流の活発化に伴う外部接触の増大は、伝統的な社会が持つ抑圧的な部分を批判的に見つめる機会を増やすことになるが、それがその社会の長期的な自由の拡大につながるかどうかの保証はない。センも主張するように、まずは社会的に最も不遇な人々が直面している現実から優先的に考えていくことが、とるべき路線であると思われる。

もっとも、伝統に基づく構造的な不自由を感じる人が社会・経済的障壁を取り払っていくことを自由の拡大であるとするならば、所与の構造に不自由を感じていない人が、そのままの生活を守れるよう「放っておかれること」を選べることも、また別の意味の自由であろう。「開発」や「援助」と称する生活改善を目的としたよそ者の介入が、結果として人々の自由を制約している、という事例が多く報告される現実をみれば、放っておかれる自由はなおさら重要であるように思われる。

例えば、長らく森の中で暮らしてきた山岳民族にとって、少なくとも一年のあいだの一部を町での出稼ぎに使えるようになることは自由の拡大と称することができようが、それはまた、村に残り、村の生活を維持する選択肢が残されている場合に限って、本質的な拡大とみるべきであろう。借金に追われ、出稼ぎに行かざるをえなくなった人の自由は、少なくともその側面においては、「拡大した」とはいえない。仮に選ばれなくとも、選択肢はさまざまにある、ということが、自由を手段としてだけでなく本質的に重要なものとしてみるということになる。

結果重視の経済論理の危険性

文化の差異にかかわらず、だれもが自由の価値を認める基盤を持っているのならば、どうしてそれは経済学的な枠組みから捨象されてしまっているのだろうか。センの議論を材料に、環境問題を例に考えてみたい。

一九九二年に、世界銀行の著名なチーフ・エコノミストだったL・サマーズが内部文書として書き記したメモが外に漏れて、騒動に発展したことがある。これは、公害を発生させるような工場をアフリカなどの貧しい途上国に輸出してしまうことが、経済学的にはきわめて合理的であることを論じたものであった。核廃棄物をはじめとして、環境的な側面から処理に困るような迷惑物質を輸出すること自体は、先進諸国のあいだでも一九七〇年代ごろから広く行われている。経済学的には、貿易を行う双方が合意のうえで取引をするわけであり、その限りにおいて問題はない。特に、環境に対する規制が厳しく、場所や人件費も高い先進諸国から、土地が豊富にあり人件費も安く、環境規制の少ない途上国に公害を輸出するのは、経済学的にみてまったく合理的なことだと議論できるわけである。与えられた制約のもとで公害の取引がなされた以上、経済学の方法は、それが最善であったに違いないとして結果を尊重するほかはないのである。

さて、この議論に対して経済学以外の視点からどのような批判が考えられるだろうか。先ほど議論した自由という概念を用いることで、この一見合理的な取引の背後にある不平等を照らし出すことができるだろう。つまり、結果として、両者は自発的な公害の取引を行ったが、そこへ至る両者の選択の幅は同じであったかどうかを考えれば、同じではないことがみえてこよう。貧しい途上国は、ほかに外貨を稼ぐ道も少なかったために、必要悪として公害を選ばざるをえなかったのかもしれない。一方で先進諸国は、自国内で処理をするとか、そもそもの公害発生を抑えるとか、ほかにも選択肢があったが、短期的な経済コストの低さという点で途上国への輸出を選んだのかもしれない。さらに、それぞれの国内事情をみれば、取引に合意した政府の高官は、実際に公害処理が行われる地域の住民の合意は取りつけていない可能性もあるし、先進国の側にとっても実は「経済コスト」のオブラートに包まれた政治的駆け引きの結果としての輸出であったのかもしれない。

ある経済的帰結に先立つ、これら一連の選択と自由の幅を視野に入れれば、結果だけから事態の望ましさを判断することの偏りがみえてくる。しかし、そうかといって、潜在的な自由の判定をするのは容易ではないし、それを経済的な論理に翻訳して、資源配分のシステムに反映させることはなおさら困難であるに違いない。つまり、こうした側面においては、結果重視の市場に代わって、望ましいとされる機能を実現する能力の格差をあらかじめくみ取るような公共政策の役割が、特に重要になる。センが飢饉の研究などを通じて、一般大衆の生存にかかわる適切な公共政策が実施されるに至る社会的背景に着目したのは、こうした経緯があってのことだろう。

だれの経済？　だれの文化？

センはあるインタビューのなかで、若いころ自分の将来に大きな影響を与えた先生、アミヤ・ダスグプタの思い出を語り、その人から二つのことを学んだと回顧している。第一は、理論を学ぶことの意義についてである。若き日のセンは現実の政治問題に関心が強く、すぐに応用がきき政策的に役に立つことを優先して考える傾向があったという。ダスグプタは、理論を軽視して応用を急ぐと、現実とあまりにじかに向き合うため、そこに埋もれてしまって何が重要な問題かを見失ってしまう危険性があると論し、理論面での訓練によって、まず問題の定義をしっかりするようセンに助言した。現実を見据えるためにこそ理論を学ぶのである。

第二の教えは、これと一見矛盾するようではあるが、理論が社会の現実とどの点で結びついているのかを自覚するということであった。センが学生であった当時のインドでは、経済学の教科書は欧米から輸入されたものがほとんどで、進んだ資本主義社会の問題について扱う内容のものばかりであった。道端で一生を終えるような貧しい人が万といるインドの現実問題について、そうした教科書の理論は何も教えてくれなかったのである。理論と現実はどこでつながり、結局、それはだれにとって意味を持っているのかを明示的に考えること、これがダスグプタの第二の教えであった。

このエピソードは、われわれが社会や経済のあり方について考えるときに、重要なヒントをもたらしてくれる。さまざまな現象から、われわれはどれを選び取り、重要視するのか。それは暗に何を無視し、だれを取り残していることになるのか。多様な選択に伴うこうした倫理的含意を自覚しつつ、はっきりと矛盾のない優先順位を決めることは現実には難しい。しかし、社会変化がもたらしうるさまざまな帰結を評価し、予測し、行動していくときに、自分がかけている眼鏡の種類を自覚する必要は明らかなのではないだろうか。

経済のグローバル化は、市場で取引される財の種類がそうであるように、ある側面の多様性を減少させていくようにも思える。しかし、その一方、経済とかかわりを持つ人間のほうはまだまだ多様である。

性別、年齢や身体能力だけでなく、機会を利用する能力などにおいても人間は多様である。文化や経済について語るときに、こうした多様性の広がりのなかで、いったいだれの話をしているのか、抽象論に終始しがちな研究者に、この自覚が求められている。文化と経済のこれからを考えるときに、自由の位置づけが共通の鍵になることを示唆してきたが、これも最終的には、どういった人々の自由について語っているのかに依存する問題なのである。

自由と文化の問題は、複雑で一筋縄ではいかない。社会科学の研究対象としては、どうしても曖昧になってしまう部分がある。しかし、いくらぼんやりして、収まりの悪い問題であっても、重要であると思うところをとことん突き詰めて考える態度、科学の「中立」を装うことなく、記述や分析が必然的に前提としている価値基準を表に出すことから逃げないセンの態度に、人間らしさを感じ、勇気づけられるのは、私だけではあるまい。

手仕事幻想

川田順造

私は昭和九(一九三四)年生まれで、小学校(当時の国民学校)五年の夏に敗戦を迎えたが、敗戦直後のものすごいインフレ、戦争中よりむしろ悪化した食料事情、東京裁判と「戦犯」の絞首刑、朝鮮戦争勃発とマッカーサー指令による警察予備隊創設、そして特需景気に至るわずか五、六年間の日本の、政治と価値観そして経済の組み合わされた極端な変動が、子ども心に焼きつけたものを忘れることができない。それは、教科書墨塗り世代、焼け跡闇市世代、隣国での戦争が思いがけずもたらした、奇妙に倫理観の欠如した経済繁栄を体験した世代に、おそらく共通したものであろう。つまり時の権力と道徳とひもじさ(物質的窮乏などといったのでは生ぬるい、もっと実存的な感覚)の連動の実感であり、当時急速に大衆化していたマルクス主義のいう、下部構造が上部構造を規定するという考え方に、中学生でも共感を覚えるような時代だったのだ。

なにしろ、配給食料だけを食べ、闇取引(いま私たちが、アジア・アフリカ経済のインフォーマル・セクターなどと呼んでいるものだ）を拒んで餓死した裁判官が出たり、私が中学一年のとき国語で習った宮沢賢治の「雨ニモマケズ」の原文、「一日ニ玄米四合ト、味噌ト少シノ野菜ヲタベ」が、何とぜいたくな食生活！と当時の中学生に思われかねないとの配慮からだったのだろう、教科書では「玄米三合」（それでも当時の配給二合一勺《しゃく》〈約〇・三八リットル〉よりかなり多い）に書き換えられていた時代なのだ。

手仕事について語るのに、のっけからこんな私的体験を持ち出したのも、「戦後」の出発点となった、この日本人に共有された体験をもう一度思い出すことが、現在私たちが世界大の規模で直面している、文化と経済をめぐる行き詰まり状況、なかでも手仕事に集約される倒錯した状況を考える前提として、意味があると思うからだ。

もう少し飢餓世代の体験を続けると、占領軍による「解放」で出獄した徳田球一、亡命先の中国から「凱旋」した野坂参三ら、大衆演説の名手でもあった当時の日本共産党の指導者の活躍も加わって、共産主義は敗戦直後の日本社会で急速に支持者を増していた。その一方で、これに危機感を抱いた、当時皇太子の傅育《ふいく》係でもあった小泉信三が、『共産主義批判の常識』という大衆向けの本を出した。私も人並みに『共産党宣言』や『空想から科学へ』、人民解放軍を勝利に導き、まもなく誕生した中華人民共和国主席に就任した毛沢東の『実践論』『矛盾論』『新民主主義論』などを読んで共鳴することが多く、しかし一方で小泉信三のこの本の、マルクスの労働価値説の批判（真珠の価値と海女の労働が例に挙げられていたのを覚えている）にも、実例のとり方が恣意的だという疑問を抱きながらも、納得させられるものがあった。

それから五〇年近くが過ぎたが、現在の世界の、というより私のいう「技術文化」の直面する困難の根底にあって、経済学の議論を超えたところで再検討されるべきであるのも、リカード以来経済学の課題の一つであるように思われる、この「労働の価値」をめぐる問題ではなかろうかと私は思うのだ。この問題は、いまかいつまんで述べた戦後の、日本だけではない、東西両陣営のイデオロギーと経済体制の対立に、独立したばかりの「南」の立場も加わり始めた状態の、その後さまざまな変貌を遂げたのちの、一つの帰結であるようにも思える。

ゆがんだ日本の「手づくり」観

主題の「手仕事幻想」に戻ると、私がこのことを強く問題として意識させられたのは、私が五年近く日本を離れ、日本でせっかく与えられた大学での職も離れたままで、フランス、ついで西アフリカで調査と研究に専念したあと、「豊かな社会」を実現したといわれる日本に戻ったときだった。電気も水道もない、捨てられたプラスチックの空袋一つでも子どもたちが争って拾うサバンナの村から、街の店頭にもデパートにも商品が過剰にあふれ、物質的に豊かであることが、喜ぶべきであるよりは疎ましく感じられる日本に戻って、私は沼の底から水面の喧騒を見上げるような、索然たる気持ちになるのをどうしようもなかった。

それは一九七五年のことで、つまり敗戦から三〇年目、第一次オイルショックの翌々年で、いわゆる高度産業化社会の経済成長と物質的繁栄の謳歌にも、ようやく翳りがさし始めていた。ローマ・クラブの『成長の限界』(一九七二年)、『危機に立つ人間社会』(一九七四年)などのレポートが進歩への警鐘を鳴らし、ガンディーの影響も受けた経済学者E・シューマッハーの『スモール・イズ・ビューティフル』(一九七三年)が世界のベストセラーになっていた。

こうした地球規模での危機感と並行して、だが逆方向への一つの底流として、手仕事と手づくりのものへの執着というよりは憧憬が、日本でも、私が接することの多かったフランスでも強まっていた。技術の進歩と物質的繁栄への手放しの楽観が成り立たなくなったために、簡素な手仕事に戻るというのではない。あまりに機械化、オートメ化されたものづくりに対して、人間的なぬくもりのあるものへの郷愁が強まったというべきなのだろう。だからこの場合の手づくりは、機械製品よりももっと凝ったもの、上等のものを意味している。

だが、アフリカの村で、現実に住居や着ているものから土鍋や鍬まで、日常の生活資材のほとんどすべてが手づくりで、毎日の仕事も畑仕事から家事まですべて肉体労働で、できればもう少し作業が機械化されて労苦が軽減されればいいと願っている人たち——その願いは私たち日本人の祖先のものでもあったはずだ——のあいだで暮らしたあとでは、日本などいわゆる高度産業化社会での、ものをつくる行為全体にとっては一種ゆがんだ手仕事願望が、まるで病気の徴候のように異様に感じられたのだ。それはつくる側、売る側にとっては道楽ないしは商品販売上の戦術であり、買う側、使う側にとっては特別のぜいたくでしかない。しかも氾濫する「手づくり」というたい文句が、商品の宣伝と、高い販売価格のエクスキュース(言いのがれ)になっているとしか思えない場合も多い。日進月歩で改良され、性能が洗練されている機械のほうが、生はんかな手仕事より良質のものをつくることができるからだ。

一九七四年、浦島太郎のような心持ちで五年目の日本の状況に接して得た印象は、「手づくり幻想」という小文にも書いたが(拙著『サバンナの博物誌』ちくま文庫、一九九一年所収)、そのとき考えたことは、その後のアフリカやインドやブラジル、そして日本やヨーロッパでの体験や見聞で、むしろ強められ、拡大されてきた。「手づくり幻想」の出発点になったのは、そのころよくデパートなどでやっていた、「杵つき餅」と大書したビラの下で、はっぴ鉢巻き姿の男が、杵でつきながら餅を売る光景に出会ったことだった。好奇心から私が何度か試みた限りでは、手づくりだからこそ骨の折れる餅つきでは省力傾向が出るのかもしれない「杵つき餅」より、優れた機械が骨惜しみせずに丁寧についた餅のほうがうまいと思ったのだ。

インド手織り工業の危機

それから二二年後の一昨年、インドで短期間だが手織りの調査をしたときにも、手仕事としての機織《はた》りが、工業製品に対して、屈折した矛盾を抱えているのを知った。

インドは、各種の手工業が高度に洗練され、発達してきた国だ。特に木綿の染織は、世界でも最初期にまでさかのぼる古い伝統を持つだけでなく、植民地時代のイギリスの綿工業製品に対する、ガンディーの抵抗運動のなかで象徴的な意味を持っていた。ガンディーの故郷であり、古くからの木綿の染織の一大中心であり、スワデーシー（自国産品保護）運動の最初の拠点ともなった、西部のグジャラート地方を私は訪ねたのだが、その前に訪ねたデリー近郊と同様、ここでも手織り組合は危機に瀕していた。かつてはイギリス人という、国外にあってインドを支配し搾取している異人から押しつけられる工業製品の織布をボイコットするために、インド人は手織りの布で対抗した。だが独立後は、一緒に独立を闘いとった同胞インド人の企業家が国内で大量に生産する、工業製品との自由競争にさらされることになったのだ。

確かに、独立運動にとっても由緒のある、そして現に多くの従業人口を抱えている木綿の手織りは、政府によって保護されてはいる。だが、かつてのイギリス植民地時代には、ガンディーの半裸の姿に代表されるように、手紡ぎ手織りの粗布カーディを身にまとうことは、植民地支配への抵抗の意志表示としての意味も持っていた。だがそうした前提のなくなったいま、安くて見た目にもより美しい、国産の工業製品の布のほうが、商品としてはどうしても優位に立ってしまう。特殊な、いわば趣味の

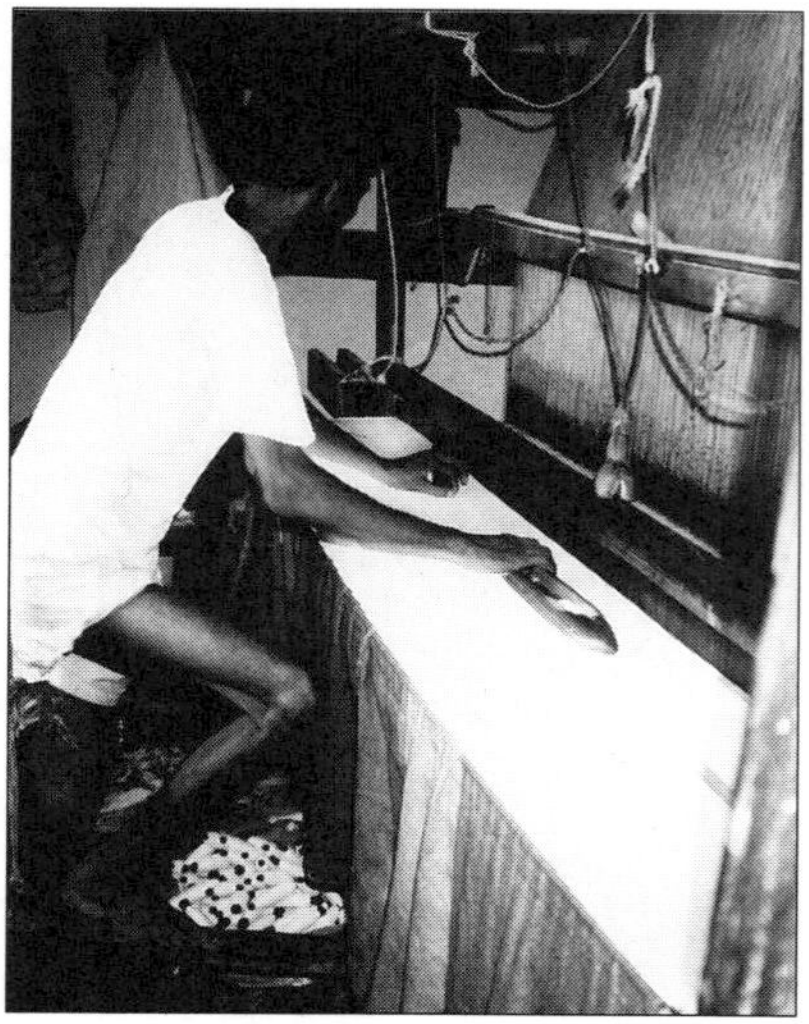

機織りは，手仕事のうちで最も動力にとって代わられやすいもののひとつだ。（インド，デリー近郊の村で）
写真提供　筆者（以下同）

手織り布に属するような限られた高級品は、インド庶民の日用としてはあまりに高価なぜいたく品とならざるをえない。

各地にある手織り組合のつくる布は、品質と価格の両面で工業製品に対抗できず、組合の倉庫は滞貨の山、手織り作業場の織機は大部分休業状態でほこりをかぶっている。当然、若い人たちは骨が折れるだけで報われない手織りの仕事にはつきたがらず、同じ織物でも近くの町の工場に就職する。手織り組合も、複雑な織りの良質の布が能率よく織れる、パンチカード方式で自動化されたジャッカードという大型機械を取り入れるなど、動力源が人力だというだけの機械化を進めざるをえない。だがそれも、大型機械の買える余裕のある組合に限られる。動力織機まで導入した、つまり手仕事は放棄した村の組合もある。これでは何のための手織り組合かわからないだけでなく、こうした小規模な素人経営の機械生産は、大規模で経営も合理化された工場の生産に、とうてい太刀打ちできないことは明らかだ。染色も最近では簡便さと低価格と、色としても見た目に華やかで多様な化学染料の使用が常識化している。

動力機械による工場生産の脅威から貴重な文化遺産でもある手織りを保護する目的で、インド政府がつくった手織りデザインセンターがもとになって、一九八七年以来機織師サービスセンターがパンジャブ州以外の全インド二十四カ所に設けられ、パンチカード方式の大型織機も含む機織り、コンピュータを使ったデザイン、化学染料を用いた染色などの研修を行っている。在村の織物師たちにここで研修を受けさせて村に返し、いわば村出身のチューターを養成するという構想なのだが、私が見た限りでは、研修希望者は少なく、全体にうまく機能していないように思われた。たまたま化学染料の研修を受けていた若い女性四人に将来の仕事の希望を聞くと、小さなところでもいいから、化学染料の工場で働きたいという答えが返ってきた。ガンディーの手織り運動も、農村に現金収入源をつくり出すことが目的の一つだったし、現在もそれは重要なのだが、それには在村の手織りが採算上うまくゆくことが大前提だ。結局、手づくりのよさが発揮されているような高品質のものは、高くつくから国内では需要が少なく、欧米や日本といった高度産業化社会で、しかも「手づくり」への嗜好が強い市場への輸出向けが主ということになる。

アフリカでの生活労働と「開発」

ここにも一例をみるように、現代の手仕事が提起している問題は、世界大の規模で進行している、一部の社会でのゆがんだ開発の過剰と、多くの社会での低開発とのアンバランスが生む倒錯的状況を、象徴的に示しているように思われる。それは、私にとって三〇年あまり前からなじみの西アフリカのサバンナの村で、家族の主食にするトウジンビエを石臼で毎日粉にする粉挽き小屋が、数年前行ったときには、もう使われなくなってくずれかけていたのを見て私が感じたこととも、通じるものを持っている。

一般に回転原理を応用した道具のない西アフリカでは、穀物を粉にするのにも手回しの石臼は使わない。腰くらいの高さの土の台にはめ込んだ凹型の石の上で、別の丸い石を押したり引いたりして穀物を粉にする。穀物の粉を湯で練った、デンプンの加工法としてはそばがきに近い主食の材料にするのに、一家の女性、妻や娘は毎日何時間も、この効率の悪い、骨の折れる作業を繰り返すのである。一夫多妻で傍系親族も一緒に住む大家族が暮らす家囲いの一隅に、粉挽き小屋がしつらえられている。季節によっては、日中四〇度を超す猛暑に包まれた粉挽き小屋のなかで、その日の夕食、あるいは二、三日分の食事で使う粉を、長時間汗まみれになって挽く。

それは孤独で、単調で、骨の折れる、だが休むことのできない女性の労働だ。この作業のあいだ、粉を挽く女性は、単調な身体運動の繰り返しのうちに、意識下に抑圧されていたものが、思わず声になって口から出るかのように、単純な節に即興の言葉をほうり込んだ唄を歌うことが多い。土地の言葉モシ語でいみじくも「イー・シールガ」(あてこすり唄)と呼ばれているこの唄で、日ごろ口に出せない鬱憤や、夫や、自分をこんな夫に嫁がせた親へのうらみつらみが、即興の文句になって発散される。形のうえでは独りきりの場で、自分のために歌うような唄だが、「シールガ」が「曲った」を意味することにも表れているように、実際にはほかの人にもよく聞こえるように歌っているこの唄の文句が、家囲いの

トウジンビエを石臼で挽いて食事の支度をするモシ族の女性

中のどこかにいる夫にも聞こえていることを意図した唄なのである（そのライブ録音と解説は、拙著『サバンナの音の世界』カセットブック、白水社、一九八八年、に収められている）。そして夫のほうも、粉を挽きながら「イー・シールガ」として歌われた唄の内容に対して、あとで「お前けしからん」と文句を言ってはいけないという、なかなか味なしきたりがあるのだ。粉挽き唄に限らず、ヨーロッパの糸紡ぎ唄、中国や日本の砧《きぬた》打ちの唄、子守女の歌う子守唄など、女性の孤独な場での作業唄には、心の中の想い、特に愚痴や鬱憤を吐露したものが多い。

このような家族内コミュニケーションの役割も持つ粉挽きなのだが、何といっても女性にとっての大変な骨折り仕事だ。この村から六キロほど離れた（村人の感覚にとってはすぐそこの）町にできた、ディーゼルエンジンの製粉所は、土地の女性に福音をもたらした。この社会で、女性が家族共通の農作業の余暇に、市場で売る目的でつくることが公認されている「ベウルガ」（へそくり畑）から得られる小銭をはたいても、市の立つ日に合わせて、頭の上に穀物を乗せて町の製粉所へ行くのは、村の女性にとっては当然の選択だった。

アフリカの村の生活を見ていると、毎日食べるものが、原料の生産から加工、調理にいたるまで、まさに手仕事の一貫作業で、村人によって行われていることに気づく。そのなかで女性は、農業生産は男性と協力して行い、野生の樹の葉や実、野草の採取と加工、タテ杵で長時間ついて行う穀粒の脱穀と精白、いま述べた粉挽きは、女性だけが行う。そして火にかけた大鍋で長い杓子「ヴグリ」を両手に持って主食の穀物の粥を激しくかき回して「サガボ」をつくる、これもかなり骨の折れる作業だ。そのかたわらサガボをつけて食べるおつゆの実や味付けにも、女性は原料から始まる一貫作業に、工夫を凝らさなければならない。だが思えば、私たちの母や祖母の世代の日本人女性も、特に村落部の女性は、これに近いことを毎日やっていたのだ。朝暗いうちに起きて味噌豆をすり、味噌こしでこす作業と並行して、火吹き竹を吹き粗朶《そだ》を燃やして釜で飯を炊き、ぬか味噌をかき回して漬物を出す——こうした日々の女性の労働からの解放は、電気炊飯器、電子レンジ、スーパーの冷凍食品やパッケージ食品によって実現されたといえる。こうした機械化、生産と流通の分業と能率化によって得られた時間を、主婦はパートで働いたり、教養や娯楽に当てたりすることができるようになった。

サバンナの村で、かつては当たり前のものだった、手挽きの、しかも挽きたての粉でつくったあつあつのサガボは、頬ばったときの穀物の香りと粗い舌ざわりが何ともうまかった。製粉所で粉にしたものは、細かすぎるうえに、大量に挽きだめをしておくのですぐ虫がつくから、粉を広げて日に干し、虫取りをしなければならない。粗挽きのうまさとか香りなど問題外だ。だが、サガボはやはり手挽きの挽きたての粉に限るとか、味噌はすりたてがうまいとかいうのは、女性の労苦を考えない男の勝手な言い分であろう。粗挽きの挽きたてが食べられる家庭用製粉機や、電動のサガボ練り機がアフリカの村にも出回るようにするのが、進歩であり開発というものではないのか。そしてそのような方向での〝進歩〟がかなりの程度達せられたかにみえるいまの〝高開発〟日本社会では、女性の経済的自立と時間の自由、かつての夫唱婦随型家庭の解体、鍵っ子の増加、シングルライフや性の自由の謳歌等々の現象が、欧米に続いて、だが異なる倫理観を背景として、生まれてきていることは周知のとおりだ。

個人的な好みとしては、私は後者のような、個人の自立と自由が保証されている社会のほうが好きだ。だがもっと広く、「高開発との関係で低開発にさせられた社会」も視野に入れて（私は「低開発」というのは関係概念だと思っている。鎌倉時代の日本は低開発だったかという設問が意味をなさないように）、また資源枯渇や環境破壊、薬害などの地球規模の問題も考えるとすると、人類の社会はすべてこういう方向に進むのが望ましいと一般的にいえるかどうかは疑問だ。それは基本的には、いまも触れた倫理観、価値意識の問題だ。だが、生活文化の変化に伴って新しい世代の価値意識も変わるから、単に昔はよかったという世迷言《よまいごと》がナンセンスだということは、いわゆる高度成長期以後の、日本の新人類の価値意識をみてもわかる。

「技術文化」の三つのモデルの提唱

処方箋はすぐには出せないかもしれない。だが少なくとも、こうした問題を考える枠組みというか筋道を、仮説としてであれ人類という巨視的な視野で提示する努力をするのが、私のような人類学者の役目ではないかと思う。私は物質文化や技術に関心を持ち続けてきた人類学者として、またアフリカで「伝統的技術を〝開発〟に役立てうる可能性」についての技術協力の研究プロジェクトに二年半従事した体験からも、「技術文化」という概念を提唱し、その三つのモデルを考えている。

まず「技術文化」というのは、物質文化や技術を、世界観、価値観、労働観など、これまでとかく「精神」文化として別に考えられがちだった側面と結び合わせて、むしろ前者を、人間の社会・政治関係を通じて、後者が実現し、運用してゆくものとしてとらえようとする。いわゆる文化相対論的見方は、後者については成り立つが、前者はある目的とその実現との関係で、優劣や進歩の度合いを測れるものと見なされてきた。しかし両者は密接な相互作用を持っており、ある程度長い時間幅（この場合三世紀半）をとって、文化の持つ「志向性」を抽出すれば、両者の関係がつくる全体を、モデルとして立てられるのではないかというのが私の仮説だ。その三つのモデルをつくるのに、私がこれまで多少とも深く研究する機会のあった三つの文化——日本、アフリカのモシ、フランスの三文化の事例から出発するのである。いま挙げた三つの文化は、たまたま私が研究したものではあるが、人類の文化を考えるうえでかなりの代表性があり、しかも十九世紀末まで、相互に直接の深い影響関係を持たなかった。私はこの三文化の比較を、従来の東西比較に「南」の視点も加えた、「文化の三角測量」として、研究者のものも含めて、視点を相対化、対象化するのに有効な文化比較の方法として提唱してきた。これまで音の文化、身体技法など文化のいくつかの側面について、その比較を行ってきた（拙著『西の風・南の風——文明論の組みかえのために』河出書房新社、一九九二年、ほか）のだが、いまそれを、「技術文化」という概念によって三つの操作モデルとして精錬し、人類にとって技術や〝開発〟が持つ意味を、根底から問い直す手段にしたいと考えている。

いま紙数がなく、詳細に述べることができないが（拙稿「開発と伝統的技術」、川田他編『岩波講座 開発と文化』7、一九九八年所収、を参照）、人間の労力をできるだけ省いて人間以外のエネルギー（畜力、水力、風力から、化石燃料や核分裂のエネルギーまで）を利用しようとする志向性と、人の力を惜しみなく使って、よい結果を得ようとする志向性を、まず大きく対比できる。前者は農耕と家畜の利用、そして一神教に基づく人間中心主義および契約観念と深く結び合わされているが、後者はアニミズム的世界観と、人間関係のなかでの勤労観に支えられている（後者に豊かにある、「ご苦労さま」「ご精が出ますね」など人の労をねぎらったり称えたりする常用句が、前者の言語文化にはないのも、その一つの徴候だ）。

前者は必然的に、エネルギーを伝達するための回転原理を多用し、歯車、連結桿《かん》、ベルトなどを発達させたが、後者にはこれが欠けていて、単純な道具を人間の力で多目的に使いこなそうとする志向性を持っている。その他、自然解読・利用志向と、自然との交感志向、目的達成志向と過程尊重志向、パラダイム的世界把握とブリコラージュ的（比喩的）把握、等々のベクトルを、さまざまな度合いでずれたり重なったりしながらこの三つのモデルは含んでいる。いずれにせよ、できるだけ人間の労力を省き、人間の巧緻性に頼らず一定のよい結果が得られるように装置を工夫するという、西アジア農牧文化の系譜を引く西洋に代表される技術文化モデルの持つ志向性が、輸送伝達技術と軍事技術の優越によって世界を制覇し、しかも「もっと多く、もっと早く、もっと楽に」という人間の根源にある三つの欲望の実現に合致しているために、西洋近代モデルの技術文化が、広く受け入れられたとみることができる。

およそ百年以来、それまで独自の道を歩いてきた三つの技術文化は、植民地支配、文明開化、戦い、開発援助・協力、等々の激しい関係で交わり合い、それは地球規模にまで拡大して、いま私たちが直面しているような技術文化の状況が現出した。全体が画一化されて、よりよい未来を模索するための複数モデルの手がかりが消えてしまう前に、いまこそ立ち止まって、人類が開拓してきた多様な可能性を再検討する必要がある。

その際、一つの大切な鍵になるのが、「労働の価値」をめぐる考え方だと私は思う。労働を単に、効率と経済性だけから測るのではなく、「はたらく」ということの倫理的な意味をもう一度考えること――それは、人間が世界の主人だという誤った人類中心主義の超克とともに、現在以後の世界にとっての最重要課題の一つではないだろうか。

* ここに述べた「技術文化」の三つのモデルに基づく考え方に、多くの具体例による検討を加えたものは、J. KAWADA, *The Local and the Global in Technology* (Working Paper for UNESCO World Culture Unit, Paris) として、昨二〇〇〇年に刊行されている。

II

文化と経済をとらえる視座

贈与と交換からとらえた世界

伊藤幹治

贈与と交換の超経済性

フランスの社会学者M・モース（一八七二～一九五〇）の「贈与論」（一九二五年）は、今から七〇年以上も前に公にされたものだが、今日、わたしたちが贈与と交換の問題を考えるうえで、何かと有益な示唆を与えてくれる。

モースが贈与と交換を総体としてとらえ、贈り物のやりとりを単なる経済的行為ではなく、宗教的・法的・道徳的・政治的・審美的な要素を含んだ「全体的社会事実」とみなしたことが、その一つである。モースが贈与と交換を「経済」という狭い領域に閉じ込めずに、より広い社会的事象とみなしたのは評価に値する。

いま一つは、モースが交換財として、経済的な財のほかに、宴や儀式、女性、子ども、市などを視野に入れたことである。構造人類学者C・レヴィ=ストロースが、女性を交換財とするモースの考えに触発され、限定交換／一般交換という交換類型をつくりあげたことはよく知られているが、モースが交換財として経済的な財以外のものに注目したのは高く評価されよう。

このほかに、モースが贈与と交換のシステムを「与える」「受ける」「返す」という三つの道徳的義務に基づくと考え、こうした義務に根ざした贈与を交換の原初形態とみなした点も指摘しておきたい。

なお、モースの理論は、アメリカ北西部の先住民によるポトラッチ（競合的な儀礼的交換）や、メラネシアのトロブリアンド諸島民の、貝の腕輪と首飾りを交換するクラが、有力な基礎になっている。この二つの慣行は、彼によると、威信と権威を獲得するための競合的交換ということだが、モースは、B・マリノフスキー（一八八四〜一九四二）のクラ民族誌からいろいろ有益な示唆を受けていたらしい。

マリノフスキーもまた、クラ交換を、経済的制度であると同時に、神話に根ざし、伝統的な法に支えられ、呪術的な儀礼にかかわる儀礼的交換と考えていたからである。彼は、循環交換される腕輪と首飾りに象徴的価値が潜んでいることに着目するほか、クラ交換に一定の規則があることを強調している。

こうしたマリノフスキーの業績のなかで、特に留意したいのは、彼が互酬性という観念に着目し、これが贈与と交換の社会的=法的基礎になっていると力説した点である。モースが贈与をめぐる三つの道徳的義務を贈与と交換の基礎としたのに対して、マリノフスキーは、こうした道徳的義務の背後に、ある原動力が潜んでいると考え、それを互酬性という概念でとらえたわけである。

贈与／互酬性／交換

ところで、贈与と交換は、個人と個人、個人と集団、集団と集団のあいだを財が移転することだが、移転する財には二つの種類がある。その一つは、物やサービス、労働、貨幣、情報、技術、知識などの、目的を達成するための手段的な財、いま一つは、感謝や敬意、愛情という表出的な財である。この二つの財が互換されることによって、贈与と交換の世界は複雑になる。

財の移転も、贈与が財の一方向的な移転なのに対して、交換は、財の双方向的な移転である。贈与は本来、Aが交換可能な財xをBに与えても、BはAに何も与えることがないが、交換は、Aが交換可能な財xをBに与えると、Bはxを受け取り、Aに交換可能な財yを返すという形をとる。

こういうわけで、贈与は範疇上、交換の一部に組み入れられることになる。贈与という一方向的な行為に対抗贈与の見返りが伴い、贈与が双方向的な交換に変換するのは、贈る側と贈られる側の関係を総体として規定する、互酬性の観念によるといってよい。

一部の文化人類学者は、互酬性を交換の同義語とみなしているが、互酬性は交換ではない。マリノフスキーが互酬性を道徳的義務の背

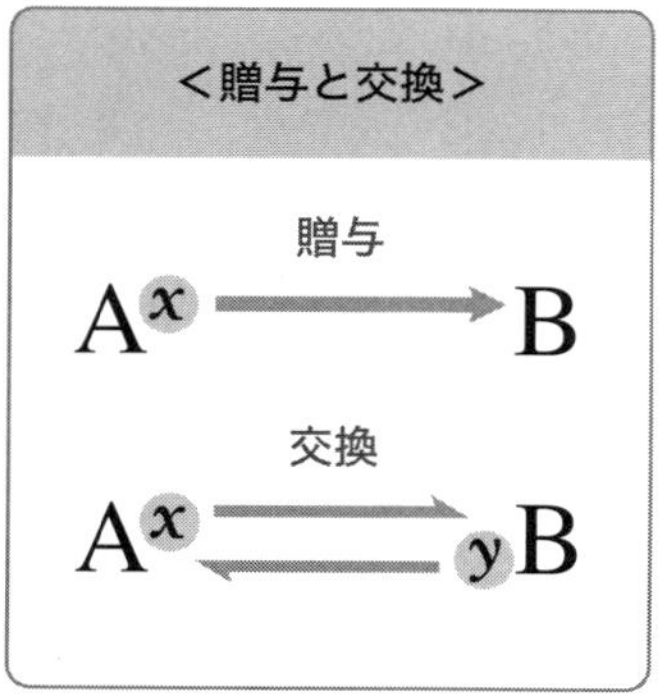

＜贈与と交換＞

後にひそむ社会的＝法的基礎と考えたように、互酬性は交換当事者間の権利と義務の関係と深くかかわっている。贈与が単なる財の提供ではなく、贈る側の心情を象徴した行為と考えられているのは、そこに互酬性という観念が介在しているからであろう。

西アフリカのコートジボアールの内陸部に住むダン人の死の起源神話は、こうした互酬性の観念を詳細に伝えている。

人々が死なずにすんだのは、死がブッシュ（原野）に住み、村を訪れることがなかったからである。ある日のこと、一人の狩人がブッシュを訪れて死に出会った。そして数日間、死と一緒に生活し、帰り際に死から肉をもらった。彼は死に感謝して村に戻ったが、死から負い目を背負ったことに気づかなかった。しばらくたってから、死が村を訪れ、狩人に見返りを求めた。狩人は、あの肉は贈り物ではなかったのか、と死に問い返したところ、死は、おまえがブッシュを訪れたとき、おまえに肉を与えたのだから、今度はおまえがわたしにお返しをする番だ、と答えた。そこで狩人は、自分の子どもを死に贈ると、死は子どもを連れて立ち去った。その後、人は死ぬようになったという。

この神話には、贈与にはお返しが義務づけられ、お返しがない限り、贈り物は死を意味する、というメッセージが込められている。贈与交換論の文脈に置き換えると、この神話は、贈与には、いつもお返しの期待と同時に、お返しの義務が伴うことを示唆している。

ミクロネシアのトラック諸島では、贈る側が贈られる側に将来何か見返りを期待する贈与は、ニッファンと呼ばれている。世界の諸民族のあいだには、贈り物を拒むことを禁じたり、贈与に見返りを義務づけたりする道徳的規制がいろいろ認められる。

繰り返していうと、互酬性は交換の基礎概念であって、その逆ではない。互酬性は交換を総体として規定する観念で、交換という行為は、その社会的表現にほかならない。そして互酬性には、社会的に望ましいとされる規範的価値が内在している。

オセアニアの事例

贈与と交換の文化人類学理論は、ミクロネシアやメラネシア、ポリネシアなどのオセアニア研究の成果によるところが大きい。これまで膨大な民族誌が公にされ、この地域の贈与と交換の世界が明らかにされているが、そこに二つの型がみられる。

その一つは、交換当事者間の不均衡が調整され、その極小化がはかられる型、いま一つは、その逆に、交換当事者間の均衡が意図的に否定され、その極大化がはかられる型である。前者が仮に同調原理に基づいているとすれば、後者は競合原理に根ざしている、ということになろう。

ミクロネシアのヤップ島では、子どもの誕生祝いや名づけ祝い、結婚式などの際、姻族のあいだで、男女の分業を反映した贈り物のやりとりがある。男側から魚やヤシの実、バナナ、貝貨などの男性を象徴した財が、女側からタロイモや織物、石貨などの女性を象徴した財が、それぞれ相手側に贈られる。こうした贈与とお返しには、次のような規則がみられる。魚には、その数量に比例した小石貨とタロイモが交換され、貝貨には石貨が交換される。また、ヤシの実とイモ類の交換には、相手側が持参した物の質と量にきっちり対応させたお返しが行われるという。

贈与とお返しの均衡化は、メラネシアのパプア・ニューギニア高地社会に住むカルリ人のあいだにもみられる。彼らは等価の返礼をウェルと呼び、贈り物をもらうとそれと等価の物を返すという。豚のわき肉が贈られると、別の豚のわき肉をお返しする。これは、市場で行われる等価交換に似ている。このウェルは、彼らの社会生活の秩序を保つシステムになっているという。

ポリネシアのフィジーのモカ島には、結婚披露宴に、婿方と嫁方で用意された男財《おとこざい》と女財《おんなざい》の儀礼的交換がみられる。当日、婿方と嫁方の親族の男性が、それぞれ相手方を代表する男性に食物を贈る。そのあとで、再び婿方からタパ(樹皮布)が、嫁方からゴザが、それぞれ相手側に贈られる。その際、互換されるタパとゴザの質と量の均衡がはかられるという。

ここに取りあげた儀礼的交換は、どれも同調原理によって、贈る側と贈られる側の均衡がはかられているが、儀礼的交換には、一般にさまざまな均衡の力が作用するので、その結果、贈る側と贈られる側に、不均衡が繰り返し生み出されることにもなる。

パプア・ニューギニアの高地民社会では、交換当事者が威信や名誉を獲得するために、ブタや真珠、石斧などを互換する、モカとかテと呼ばれる儀礼的交換が、三年から十数年周期で行われている。その際、贈る側は相手側よりも優位になるために、交換の最終段階で、贈られた以上のものを相手側に与えなければならないとされる。

こうした高地民社会の競合的交換のなかには、一九七〇年代後半に、市場経済の浸透に伴って世俗化し、商業活動と共存する「祭りの商業化」に変貌したものもある。

ポリネシアの西サモアでは、結婚式の際、教会での礼拝や招宴が終わると、婿方と嫁方の親族のあいだで贈り物のやりとりがある。

このやりとりに一定の規則があって、嫁方から婿方への贈り物はトガ（パンダヌス［熱帯性の植物の一種］の葉肉を落とし、糸のように細かく裂き、手で編んだ長方形のゴザと睡眠用のゴザ）、婿方から嫁方への贈り物はオロア（現金）と呼ばれる。かつて、トガは女性が生産した女財、オロアは男性が生産した男財といわれ、トガには長方形のゴザのほかに樹皮布など使用されたが、オロアにはブタやカヌー、武器、道具類が用いられたという。トガとオロアの交換はゲームのようなもので、婿方と嫁方の親族は、それぞれ競い合って集めた財を交換し、自分たちの力を見せつけ合う。そして、一方の財が尽きるまで、トガとオロアのやりとりが繰り返され、どちらが勝ったかを言い合うという。

ここに挙げた二つの儀礼的交換は、アメリカ北西部のポトラッチと同じように、どれも威信や名誉を獲得するために、富や気前のよさを誇示する競合的交換である。交換当事者のあいだで、不均衡が意図的につくり出されるのは、そこに競合原理が働いているからであろう。

贈与交換と市場交換の共存

モースが注目したマリノフスキーの『西太平洋の遠洋航海者』(一九二二年)によると、トロブリアンド諸島には、クラのほかに、さまざまな贈与と交換が認められる。

家族内のお返しが期待されない財の一方向的な贈与がその一つで、マリノフスキーは、これを「純粋贈与」と呼んでいる。このほかに、お返しが期待される贈与のウリグブ(夫から妻の兄弟へのイモ類の贈与)やポカラ(平民から首長への貢ぎ物)、内陸部と海岸部の村落間の特定のパートナーのあいだの、イモ類と魚の儀礼的交換のワシ、交換当事者の利害が優先され、値切り交渉が認められる「純粋交易」のギムワリなどがある。

どれも市場経済の導入以前の慣行であるが、オセアニアの贈与と交換は、市場経済の導入後も、市場交換と競合しながら共存し続けている。

メラネシアのバヌアツ共和国のラガ島(ペンテコスト島)北部の村落は、今でもわずかな貨幣経済と自給自足経済で成り立っているが、贈与には、お返しの必要のない贈与とお返しの必要な贈与、お返しが期待される贈与があるという。

お返しの必要のない贈与はタベアナと呼ばれる。物をもらったら、「ありがとう」とお礼を言うだけでよい。タベアナを贈られた人が、別の機会に、贈り手に贈り物をすることがあっても、それはタベアナに対するお返しではなく、新たなタベアナの開始であるという。

お返しの必要な贈与はフロと呼ばれる。フロは借りを意味し、フロにはお返しが義務づけられる。フロとして物をもらうと、贈られた側は、別の機会に、それと同じ物か等価の物を相手に返す義務を負うことになる。

お返しが期待される贈与はメメアルファと呼ばれる。メメアルファには、お返しができるときにお返しをするのが望ましい、という意味の期待が込められている。

ラガ島では、お返しの期待と義務の有無によって、贈与が三つの範疇に分かれることになる。感謝を意味する「ありがとう」は表出的な財に当たるから、タベアナは、お返しの必要のない贈与というよりは、むしろ贈る側の物と贈られる側のお礼の言葉に表出される財(感謝)の交換ということになろう。そこに互酬性が働いているのはいうまでもない。こうした手段的な財と表出的な財の交換は、世界の諸民族のあいだに広くみられる。

孤立した、小規模で自律的な社会と考えられた「未開社会」が急激に変化した結果、「未開」という語が、文化人類学者の分析概念のなかから姿を消すようになってから、かなりの歳月が流れている。現在、多くの「未開社会」は、程度の差こそあれ、国家というより大きなシステムのなかに組み込まれ、それ自体で完結したシステムを維持することが、ほとんど不可能な状況にある。

こうした「脱未開社会」化に伴い、ほとんどの社会に市場経済が浸透した結果、贈与と交換の世界も変化を余儀なくされている。オセアニアの社会もまた例外ではない。

ポリネシアのエリス諸島には、個人間でアカイ、タウイ、トンギと呼ばれる交換がある。アカイとタウイは昔ながらの贈与交換、トンギは市場交換に当たる。

アカイは、親族や友人間の食物やゴザ、貨幣、タバコなどのやりとりで、相手に求められれば与え、いつか自分も相手に何かを求めることができる互換行為である。タウイも親族や友人間の食物や貴重品のやりとりであるが、アカイと違って、交換当事者のあいだに均衡が求められる。トンギは「売る」「買う」「支払う」という非人格的な交換で、市場交換といってよかろう。

今日の文明社会には、こうした贈与交換と市場交換が古くから共存していたことは、ここに改めていうまでもない。

市場システムのなかの贈与経済

K・E・ボールディングの『愛と恐怖の経済——贈与の経済学序説』(一九七三年)のなかで、七〇年代初期のアメリカ経済の二〇パーセントから五〇パーセント近くが、交換よりも贈与によって組織されていると指摘されたことがある。ここに取り上げる贈与経済とは、互酬性に基づく贈与とお返しを基調とする経済システムのことである。

贈与経済は、貨幣をとおして物が商品として交換される市場経済と異なるが、ほとんどの社会の贈与経済が、現在、市場システムのなかに組み込まれているのも、否定できない事実である。近代社会では、その結果、贈り物のすべてが、市場で価格が決定された商品によって占められることになる。

ところで、贈り物は本来、商品そのものではない。贈与という行為も、単に相手に物を与えることではない。贈り手と一体化した所有物を与えることである。つまり贈与は、市場で取引される非人格的な商品が、贈り物という人格的な物に変換されたうえで、一方から他方に移転されるということである。

欧米の社会では、クリスマスの季節は、一年のうちでも最大の儀礼的贈与の機会になっている。一九六〇年代後半のイギリスでは、消費者の支出の四・三パーセントが贈り物に当てられたといわれ、この季節に各種の企業が、贈り物の販路拡大をめざして活発な活動をするほか、疑似イベントを創出して熾烈な競合を行っていた。

一九五〇年代末には、挨拶状や化粧品、花などの業界の代表者が、贈与の機会を新設するために、特定日促進委員会という組織を設置し、一〇月第二日曜日を「祖母の日」にする運動を展開したことがあった。

一九の慈善団体が、こうした運動を批判して、クリスマスカードの生産と配布を組織的に実施するために、「一九五九年団体」を設立したところ、企業側がこれに積極的に対応したという。カードの販売を促進するために、挨拶状製造業者が慈善団体にサービスを提供する部門を新設するほか、玩具や化粧品、花などの業者も、新しい商品の開発に努めて贈与の機会の拡大をはかったという。

ちなみに、カナダのウィニペグ市のクリスマスギフトは、一九八〇年代前半の調査によると、贈与全体の四九・三パーセント、その費用が全体の三八・一パーセントを占めたといわれる。

日本の社会にも、イギリスのように、企業が仕掛けた贈与と対抗贈与がみられる。一九七〇年前後に、洋菓子業界が欧米の社会の、二月一四日のバレンタインデーの贈与に目をつけ、これをチョコレートの販売戦略に利用したところ、売り上げが毎年、上昇するようになったという。

そこで洋菓子業界は、バレンタインデーの一カ月後の三月一四日にホワイトデーを設け、女性からチョコレートを贈られた男性が、お返しにマシュマロなどの白い菓子を贈る日とした、といわれる。バレンタインデーが若者たちに受け入れられるようになると、洋酒業界もバレンタインデー商品の開発に努め、ハート形のボトルやミニチュア瓶など、若い女性の気持ちをくすぐるような商品の販売に乗り出した。その後、和菓子業界や日本酒業界、婦人下着業界もこれに参加し、日本の各種の業界が、すさまじい商戦を展開している。

こうした、企業によって「仕掛けられた贈与」が、若い女性のあいだに受け入れられてから四半世紀以上たっている。今ではすっかり都市の年中行事のシステムに組み込まれた感さえあるが、イギリスの企業活動と比べて興味をひく点が一つある。

それは、イギリスの企業が、もっぱら一方向的な贈与の機会の拡大をめざしたのに対して、日本の企業は、贈与にお返しを強いる「義理」という互酬性の規範に着目して、バレンタインデーのほかに、ホワイトデーというお返しの日を設け、双方向的な「贈答」の機会の開拓に努めたことである。

この試みは、贈与と対抗贈与のお返しが不可分の関係にあるとする、わたしたちの贈与観を巧妙に利用したものといってよかろう。

私的贈与と公的贈与

贈与には、個人間や家族間の私的贈与のほかに、不特定の人々に対する公的贈与がある。年末の歳暮や盆の中元とか、誕生祝いや結婚式、葬式、病気見舞い、父の日や母の日、クリスマス、バレンタインデーなどの贈与は、さしあたり私的贈与ということになろう。

こうした贈与が、今日、市場システムに埋め込まれ、市場経済のなかで重要な役割を果たしているが、これとは別に、ボランティア活動や献血などは、従来の儀礼的な私的贈与と違った、新しい型の公的贈与といってよいだろう。

ボランティア活動は、労働が自発的に、しかも無償で提供される点で労働贈与といってよい。欧米の社会には、こうした贈与がかなり以前から認められるが、近年、日本の社会にも定着しつつある。一九九五年の阪神大震災のおりの、若者たちの積極的な活動は、日本の社会にボランティア活動が根づきにくい、という神話を否定することにもなった。

献血もまた、見知らぬ人への無償の血液贈与という点で、公的贈与の一つといってよいだろう。しかし、市場経済に組み込まれると、血液は金銭と交換される商品に変換される。イギリスでは、医療用の血液の供給のほとんどがボランティアの贈与に依存しているが、日本やアメリカなどのように、血液贈与が商品交換に変換されると、必然的に血液の劣悪化が生じることになる。

ところで、現代社会は脱工業社会とか情報化社会、消費社会といわれ、ほとんどの社会が、世界システムと深くかかわることによって、世界化やボーダーレス化が促進され、世界が一つの共同体と認識されている。

こうした状況のもとでは、富の再配分をとおして、国民国家間の経済的格差を是正することが急務とされる。開発援助は、このような現実的要請によって生まれた公的贈与の一つといってよいだろう。

開発援助には、紛争地の難民を救う緊急援助や災害地の人々を助ける救援援助のほかに、技術援助や知識援助などがある。現在、技術開発援助機関のＵＮＤＰ（国連開発計画）をはじめ、二国間協定に基づいて開発途上国に技術援助をするＯＤＡ（政府開発援助）や緊急援助や救援援助、住民の生活向上をめざして開発援助をするＮＧＯ（非政府組織）などが、それぞれの分野で活動しているが、一口に開発援助といっても、援助にはいろいろ難しい問題が伴う。

開発援助の論理

近年、開発援助は物中心から人中心へと、視点の転換が求められているようだが、一般に援助というものは、交換の文脈でとらえられやすい。

かつてＷ・ディロンが『贈与とネーションズ』（一九六八年）のなかで、モースの「贈与論」を手がかりにして、第二次大戦直後のマーシャル・プランを検討したことがある。このプランは、緊急援助の要素を多分に持った技術援助・知識援助であった。このプランに基づいて、一九四八年から五〇年にかけて、アメリカからフランスへ食料や機械、技術、知識が移転された。

ディロンによると、マーシャル・プランは仲間に対する宗教的＝経済的義務に基づいた贈与で、当時、アメリカは見返りに敬意よりも感謝を期待していたという。

そして彼は、贈与としての知識に注目し、「未開社会」ではビーズや食物、壺が交換に用いられるが、高度工業社会では、知識が価値のある商品になっていると考え、近代国家間の知識の贈与とその受納を検討する場合、トロブリアンド諸島のクラ型の循環的互酬性が有効なモデルになる、と主張した。

＜多国間の循環的互酬性のパターン＞

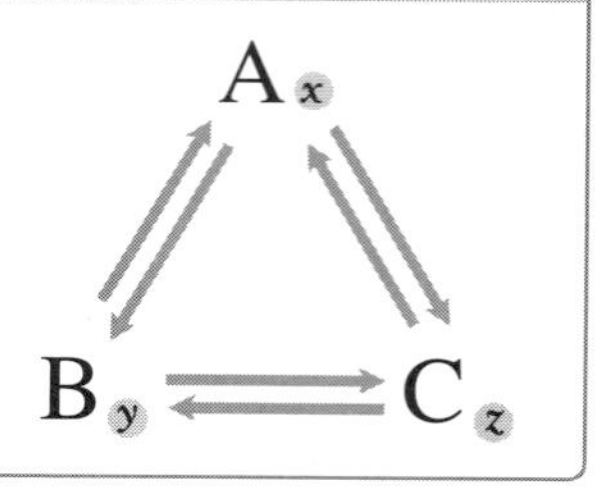

クラ型の循環的互酬性とは、三カ国以上の国家の存在を前提とした、財の循環的移転のことである。AがxをBに、ByをCに、CがzをAに与え、また、その逆に、CがzをBに、BがyをAに、AがxをCに与えることによって、財の循環的移転が完結するというもので、これは間接交換に当たる。

こうしてディロンは、二国間の双方的互酬性が、贈る側と贈られる側に緊張を生み出すのに対して、クラ型の循環的互酬性は、贈る側と贈られる側の役割が相互に交替する点で、将来性があると結んでいる。

ディロンは、国家間の援助を交換の文脈でとらえたわけだが、これに対して梅棹忠夫は、対談集『地球を舞台にボーダーレス時代を読む』(一九九四年)のなかで、開発援助を贈与の文脈でとらえ、援助は財の一方向的な移転のことで、感謝を期待しない無償の行為である、と主張している。

梅棹によると、開発援助は、対等の市民どうしの取引に原型を持った経済活動とは原理が異なった、代償を伴わない行為である。援助を善意と思うから、感謝という見返りが欲しくなる。見返りを期待しないためには、開発援助に文明の伝達者の意識が必要なのではないか。援助する側と援助される側の論理の回路には整合性はない。開発援助は、援助すること自体に意味があるべきである、というのである。

贈与論では、一般に贈与は善意の表現と解釈されている。おそらく梅棹も、こうした善意をまったく否定したわけではあるまい。興味をひくのは、梅棹が善意による援助を否定しながら、他方では、開発援助ははるか未来に報われればよい、と遠い将来における見返りの期待をほのめかしている点である。

開発援助は、繰り返していうと、交換の文脈でとらえられやすい。援助という行為が、善意によって動機づけられることが多く、しかも、その善意が、感謝という表出的な財の見返りを求めがちだからである。

援助を受ける側が、援助をする側に敬意や感謝を示すとすれば、論理的には一応、双方のあいだに交換関係が成立する。逆に、敬意や感謝を示したとしても、それが不十分だと受けとめられれば、敬意や感謝という見返りを期待した援助する側に不満が残る。

開発援助には、技術援助にせよ知識援助にせよ、いつもこうした問題がつきまとう。どのような援助も、互酬性によって交換の文脈に置き換えられ、援助する側に見返りという期待が生じるからであろう。

「見返り」の期待と義務からの解放

こういうわけで、開発援助に無償の行為という贈与の論理を貫こうとすれば、さしあたり思考の転換が必要になる。梅棹が語ったように、はるか未来に報われればよいとするのも、実現可能な一つの解決策かもしれない。これによって、一応、援助に見返りが期待されなくなろう。だからといって、この方法によって、すべての問題が解決されるわけでもあるまい。

ある文化人類学者が、贈与という語は慈悲の響きが強いと述べたことがあるが、贈与の世界は、こうした慈悲とか喜捨という宗教的倫理観とまったく無縁ではない。梅棹提言のなかにも、どこか慈悲の響きと似たものが感じられる。

ところで、日本の社会の贈与交換は、交換当事者間の均衡を否定し、その極大化をはかる競合原理よりも、どちらかというと、交換当事者の不均衡を調整して、その極小化をはかる同調原理のほうを重視している。

また、同調原理のほかに、贈る側と贈られる側に、義理と呼ばれる互酬性の規範が強く働いている。その結果、贈与という財の一方向的な移転をめぐって、贈る側に見返りの期待をはぐくみ、贈られる側には見返りの義務を強いることにもなる。

日本の社会には、こうした同調原理と互酬性の規範が、長い歳月をとおしてはぐくまれている。わたしたちが普段使っている「贈答」という語には、贈与と対抗贈与のお返しを不可分とする思想が内在している。その背後には、同調原理と互酬性の規範がひそんでいるに違いあるまい。

こうした社会では、開発援助が贈与の論理によらず、交換の論理によって進められやすい。そこで、援助が「見返りを期待しない無償の贈与」であるという認識を深めるためには、さしあたり、贈与には見返りを伴うという個別主義的論理を見直す必要があろう。そして、より普遍的な論理を創出することに努めなければなるまい。

いささか悲観的な見通しになるが、「贈答文化」をはぐくんできた者にとって、援助を「見返りを期待しない無償の贈与」と認識するのはなかなか難しい。だからといって、援助を交換の論理でとらえ続ける限り、将来、何かと難しい問題を抱え込むことにもなろう。

ポリティカル・エコノミー論の射程

――グローバル／ローカルの対立図式を超えて

大塚 和夫

新聞を開けば毎日のように、貿易や金融におけるグローバル・スタンダードが話題にされている。その一方で、そのような世界一律基準を容易には受け入れがたい各国・地域のローカルな事情が盛んに論じられ、なかにはグローバル・スタンダードと呼んではいても実態は欧米的な価値基準であり、それの非欧米世界に対する押しつけは新しい形の帝国主義であるという反発すら出てきている。

このようなグローバル／ローカルの対立は、別な形でいえば人類すべてに当てはまる（当てはまるべき）普遍的な判断基準が存在するという立場と、多少の妥協は必要であっても各国・地域・文化にはどうしても譲れない独自の判断基準があるという立場との対立と読み換えることも可能だろう。普遍主義と個別（文化）主義との対立である。

私に与えられたテーマは、このようなグローバル／ローカルといった、しばしば不毛な対立に陥るだけの二元図式を乗り越えるヒントを、経済人類学もしくは経済現象を扱った社会・文化人類学（以下、人類学と記す）の業績の紹介をとおして探っていくことである。ここではポリティカル・エコノミーという言葉をキーワードにし、その作業を進めたい。

経済人類学における形式主義と実体主義

これまでの経済人類学的な研究の蓄積において、グローバル／ローカル、普遍主義／個別主義といった二元図式を考えるときに想起されるのは、形式主義と実体主義という二つの潮流である。形式主義者（formalist）とは、いかなる社会においても、ある目的実現のために最も合理的な、つまり最大利潤および、あるいは最小費用を可能とする手段を選択するという経済的行為を抽出することができ、その場合には個別文化の影響は無視しうる、と主張する立場である。いわば、ホモ・エコノミクス（経済人）は、先進資本主義国のみならず、世界のあらゆる地にも見いだされ、その意味で普遍的な存在であると述べるものである。これは近代経済学者には、きわめてなじみやすい立場である。

一方、実体主義者（substantivist）は、狭義の経済のみではなく、人間とそれを取り巻く環境とのあいだに生じる、制度化された相互作用の過程そのものに着目する。その立場からみれば、経済は「社会に埋め込まれて」いるのである。当然ながら、ホモ・エコノミクス・モデルの普遍的適用性は否定され、むしろ個別の社会・文化的脈絡を重視し、そこから人々の「経済的」活動を考えていこうという立場になる。そして、実体主義的経済人類学を提唱したK・ポランニーは、社会を統合する物資のやりとりには、互酬、再分配、市場交換の三つのパターンがあるとした。近代経済学すなわち形式主義的な経済分析が十分に威力を発揮できるのは、市場交換のパターンである。だが、人類学が主要な対象としてきた「未開」社会では、互酬や再分配のパターンが支配的であり、そこでは個別の社会的・文化的脈絡への注視が、「経済」活動分析の際にきわめて重要なのである。[1]

東南アジア研究におけるポリティカル・エコノミーとモラル・エコノミー

この形式主義と実体主義との相違は、地域研究の方法論の面でも重要な意味を持つことがあった。東南アジア経済の研究者、原洋之介によれば、アメリカ合衆国で東南アジア地域研究が盛んになった一九六〇年代、同地域の経済を論じる対比的な二つの立場があった。新古典派の経済学者T・シュルツと文化人類学者C・ギアツの仕事がそれぞれの代表例である。[2]

農業開発論の分野での業績から一九七九年にノーベル経済学賞を受けたシュルツは、東南アジアの「社会的慣習・共同体的規制に縛られているとされてきた農民の経済行動は、市場経済の中にいる農民の場合とまったく同様に、市場経済的に徹底的に『合理的』である」という立場から分析を進める。その仕事は、「貧困社会においても農民が経済合理的行動をとっているとみていること、およびその前提のもとでの資源配分の効率性を見抜いていること、この両点でまさに新古典派的経済理論そのもの」であると評価される。つまり彼の経済学は「人間の多面的な社会的行動において『ホモ・エコノミクス』としての側面、つまり経済行動は、他の諸側面から分離・独立しうるし、またその分離・独立によって経済行動の効率性が維持される」という立場に立っているのである。これは先に挙げた「形式主義」的な経済人類学の立場と重なり合う。

それに対し「解釈人類学」を唱え、人々の意味世界の理解・解釈の方法論の確立とともに、インドネシアなどの事例分析をとおしてその実践を試みてきたギアツは、「ジャワ農村内でみられる農民間の経済関係のありようを、ジャワ農民の儀礼慣習をとおして描き」出そうとする。その意味で彼は「農村内の慣習に埋め込まれた農民の経済活動という姿」を求めており、それはポランニーのいう「社会に埋め込まれた経済」を探り出そうというものである。いうまでもなく、これは実体主義的立場に近い。

原が紹介するところでは、この対立は、東南アジア大陸部の農民分析において繰り返された。政治学者であるS・ポプキンとJ・スコットとのあいだで繰り広げられた「モラル・エコノミー」論争がそれである。

ことの発端はスコットの著書『農民のモラル・エコノミー』(一九七六年、邦訳は『モーラル・エコノミー』高橋彰訳、勁草書房、一九九九年)の出版であり、それを批判してポプキンは『合理的農民』という著作を刊行(一九七九年)した。タイトルからもわかるように、ポプキンのいう「『合理的農民』とは、まさに経済理論がその上に拠って立つところの『経済人』そのもので」あり、その意味で彼は、シュルツや形式主義者の側に立つことになる。

ポプキンが批判するのは、スコットの「モラル・エコノミー」という視点である。それは「農村内でみられる社会関係とは、すべての成員に最低限の生存を保証していくことが当然のことであるとする道徳的規準（モラル）を共有している農民たちが相互依存的にとり結んでいる人間関係である」という前提をおく。そこでは、大きなリスクを招きかねない「最大の利潤の追求」よりも、「最低限の生活水準の維持」をめざす「危機回避」が重んじられる。そして原によれば、スコットの「モラル・エコノミー」論は、ジャワ農村研究から提起された、ギアツの「貧困の共有」論ときわめて類似しているのである。

このような対立は、資本主義の浸透の度合が低い世界に暮らす農民をどのような社会的存在としてとらえるかといった学問的視点、いわばパラダイムの違いに由来するものといえるであろう。原の言葉によれば、「ポプキンの社会科学的知は、『経験的多様性への嫌悪』に根ざす『形式化』への志向を強く持つ。それに対してスコットの知のありようは、『経験的多様性への愛着』で特徴づけられる地域研究者の知である」。ここでいう社会科学者／地域研究者の対比は、これまでに使ってきた用語では、普遍志向／個別志向、経済人類学における形式主義／実体主義、「経済」現象の範囲確定の際における市場的要因／非市場的要因への着目、すなわちホモ・エコノミクス的市場「経済」／無数の非市場的要素を含む「文化」への着目、といったものとほぼ重なり合う。このレベルでは、形式主義的な意味での「経済」と人類学的な意味での「文化」とは、対立的な関係にあるとみなされるのである。

さて、「モラル・エコノミー」論のスコットと対立するポプキンの立場を、原は後者の著書のサブタイトルをとって「ポリティカル・エコノミー」論と名づけている。つまり、普遍主義的な形式主義の立場を表すものとして用いているのである。しかし、今日の人類学の領域では、この語はより多様な意味を持つものとして使われている。

ポリティカル・エコノミー論の三つのレベル

どちらかといえばギアツに近い立場にいるG・マーカスとM・フィッシャーは、共著である『文化批判としての人類学』(一九八六年)において、これまでギアツなどの影響のもとに展開してきた解釈学的人類学・民族誌に向けられてきた、「権力、利害関係、経済、歴史的変化といった『冷たい』『ハード』な問題を除外」してきたという批判に対して、最近ではそのような領域に関心を持つ仕事も増えてきたと反論する。そしてそれらの業績を紹介していくのだが、その章のタイトルは「世界史的なポリティカル・エコノミーの説明」となっている。[3]

彼らによれば、今日ポリティカル・エコノミーと呼ばれている研究分野には、次のような三種類の文献が含まれている。(1)民主的社会における公的選択ならびに集団的行動のジレンマに関するもの、(2)今日的マルクス主義者の、とりわけ第三世界の従属性と低開発にかかわる仕事、そして(3)国民国家からなる世界システムを歴史的に眺めた場合に得られる、政治過程と経済活動の相互規定性一般という学問的関心から生じたもの、の三つである。マーカスとフィッシャーはこれらのうち(3)の流れを中心に、それらと解釈学的人類学との調和の可能性を探っていこうとする。

このような整理に基づけば、先に挙げたポプキンの「ポリティカル・エコノミー」は、おそらく(1)の領域に含まれるものであろう。そして、マーカスとフィッシャーの文脈においては、ポプキンの普遍主義的な「ポリティカル・エコノミー」とスコットの個別主義的な「モラル・エコノミー」との対立は、あまり意味を持たなくなる。それというのも、マーカスとフィッシャーの試みこそ、解釈学的人類学の持つ意味や歴史への関心と、ポリティカル・エコノミー論とを調和させようとするものだからである。その意味では、個別文化への関心を持つポリティカル・エコノミー論も、十分に可能なのである。

人類学におけるポリティカル・エコノミー研究をもう少し別な角度から知るために、マーカスとフィッシャーのいう(2)のカテゴリーに関心を持つ、W・ローズベリーのポリティカル・エコノミーに関するレヴュー論文[4]を紹介しておきたい。

マルクス主義人類学のポリティカル・エコノミー論

一九七〇年代初頭、イギリス社会人類学の大立者の一人、R・ファースは、人類学におけるマルクス主義の潮流を、フランス流の「頭脳派（cerebral）」とアメリカ流の「体力派（gut）」とに分けた。前者は、L・アルチュセールの影響を受けたM・ゴドリエ、C・メイヤスー、E・テレーら、きわめて理論志向の強い「構造主義的マルクス主義人類学」の流れを指す。[5]それに対し後者は、欧米の政治・経済的支配によって引き起こされた第三世界の諸社会の具体的な問題を、マルクスの提示した階級闘争、土台と上部構造の関係などの視角から考察していこうとする流れである。

ファースのこの分類を紹介したあとローズベリーは、このアメリカの潮流が、その後ポリティカル・エコノミー派になると述べる。先駆的研究としては一九四〇年代のE・ウォルフやS・ミンツらによるプエルトリコ研究などがあるが、マルクス主義的ポリティカル・エコノミー論が本格的に繰り広げられるようになるのは、六〇年代末から七〇年代にかけての政治的・社会的激動の時代を経験してからである。

アメリカ人類学のポリティカル・エコノミー論を支える理論的背景として重要なのは、経済学におけるA・G・フランクらの従属理論、さらにその発想の一部を継承したI・ウォーラースティンの「近代世界システム」論である（これらの理論的著作がやはり六〇年代末から七〇年代前半にかけて刊行されたことにも注意）。これらの理論は、それまでの人類学の主流であったコミュニティー・スタディーの狭い枠組みを乗り越えて、自分たちが調査している小規模社会が、実はグローバルな政治経済システムに何らかの形で取り込まれており、今日の「未開」状態も実は歴史的に「低開発化」された結果であるといった斬新な分析視点を提供したのである。さらに、フランスのアルチュセール派経由で、異なった生産様式間の「接合(articulation)」といった問題関心も高まってきた。

しかしながら、ローズベリーによると、これらの理論の影響を受けて発表されたポリティカル・エコノミー論の業績の弱点は、機能・構造論的な説明に終わっている点である。つまり、支配・従属関係は安定的な構造を生み出すといったシステム論的発想に内在する静態的説明や、非資本主義的生産様式が資本主義的なそれに接合される際に前者はいかに資本蓄積に貢献したかといった機能論的な議論が中心になっていったのである。その弱点を克服するために七〇年代末あたりから、構造とともに行為体（エージェンシー）にも着目するフランスのP・ブルデュー、文化や歴史に強い関心を持つイギリス・マルクス主義者たち（R・ウィリアムズ、E・ホブズボウム、E・P・トムソンなど、今日カルチュラル・スタディーズの領域を開拓した先駆者といわれている人々）、そしてA・グラムシなどの仕事が注目されるようになってきた。その結果として、静態的かつ全体論的な説明に代わって、歴史と行為体とを重視する立場が登場するようになった。しかし、その傾向も過度に強調されると、全体的視野を欠く行為体の分析に還元されてしまい、ポリティカル・エコノミー論の長所が「たらいの水」とともに流されてしまうことになる。

八八年に刊行されたこの論文で、ローズベリーは、このような難点を超克し、構造と行為体とを統合的に分析していこうとする試みとして、二つの流れを挙げている。一つは、生産様式論をある部分で継承しつつ、「接合論」にみられる抽象的法則性の議論をなるべく排除し、生産もしくは製造の形態（forms of production）、とりわけ単純商品の製造のあり方を具体的に探ろうとする傾向である。

もう一つは、より具体的な問題や論点の分析をとおして、特定の地域や民族の民族誌的・歴史的研究を行おうとするものである。そこで取り上げられる問題は、エスニシティーの形成とエスニック集団間の関係、出稼ぎ労働とそこで得た収入の送金、世帯の形成、食糧生産とその供給、コロニアリズムのさまざまな構造とさまざまな過程、などである。そしてそのような研究の進展とともに、文化史、すなわち特定地域・民族の「文化」とそこに暮らす人々の「歴史」に対する関心もいっそう高まった。

文化とポリティカル・エコノミー

以上、マルクス主義人類学的なポリティカル・エコノミー論を少し長めに紹介してきた。それというのも、私のみるところ、かつての経済人類学における形式主義／実体主義の対立の止揚にはいくつかの道がありうると思うが、現象を単に経済（これは形式主義的な意味である）に限定しないポリティカル・エコノミーの視点は、その有力なものの一つであると考えるからである。ここで私が念頭においているポリティカル・エコノミー論は、先にマーカスとフィッシャーが分類した(2)と(3)の双方を含む。もちろん、両者（さらにはそれぞれの分類の内部）においても、さまざまな理論・方法論的差異が見いだされる。だがここではそれらの「小異」を無視し、これらの傾向を大ざっぱにひとくくりにして「ポリティカル・エコノミー論」と見なしておきたい。

以下では、ポリティカル・エコノミーと「文化」との関係をとおして、グローバル／ローカルの対立軸の再考を試みたい。その際に「文化」を二つのレベルに分けて議論を進めたい。一つは、「個別文化」といった意味である。それは特定の地域・民族・社会・集団などに属する人々によって共有されている観念・価値・意味の体系と、さしあたり定めることができよう。いわばローカルなレベルでの文化である。もう一つは、より一般的なレベルでの議論である。それは、観念・価値・意味の体系としての「文化」は、「社会」（さらには「経済」や「ポリティカル・エコノミー」）とどのような関係にあるかといった問題である。まず、後者から考えていきたい。

「文化」の社会的形成過程への注視

政治学者ポプキンの場合とは異なり、人類学的ポリティカル・エコノミー論が文化を無視するわけではないことはすでに明らかになった。そのことをさらに検討するため、唐突に思われるかもしれないが、イスラム研究の例を持ち出したい。東南アジア・イスラム史の研究者W・ロフは、一九八七年に『イスラムと意味のポリティカル・エコノミー』という論文集を編集した。(6) そこには、理論的考察のほかに、ナイジェリア、マグリブから、エジプト、イラン、パキスタンを経て、マレーシア、インドネシアにわたる広い地域のイスラムのあり方を論じた論文が収められている。

同論文集の序論で編者のロフは、「意味のポリティカル・エコノミー」を、「自身の生活にかかわるムスリム［イスラムの信者］たちの『言説』がいかにして構成されてくるのかを、［彼／彼女らが］言ったり行ったりしたことの象徴的もしくは文化的分析と、その発言や行動が生じる物質的その他の条件の分析とを結びつけて理解していこうとすること」と定めている。また、同論集に理論的考察を寄せている人類学者D・アイケルマンは、意味のポリティカル・エコノミー研究のためには、「知識や実践の複合的な諸システム間の交流と展開といった問題への配慮と、これらのシステムが一方では形成し、他方では形成されるところの政治的支配と経済的関係の全体的配置のあり方［への配慮］、これらの間の適度なバランス」が必要であると説く。

このような問題の立て方は、それほど斬新なものとは思われないかもしれない。マルクス主義の「土台と上部構造」論をはじめとして、一方での社会・経済関係と、他方での文化・意味・宗教世界などとの関連の追求は、これまでの社会学や人類学においても当然のように重視され、活発に論じられてきた問題設定の一つである。例えば、イギリスやフランスの社会人類学の形成に大きな影響を与えた、フランスのE・デュルケムが率いていた社会学派の立場について、E・E・エヴァンズ=プリチャードは、「社会現象の研究に関する一般的なアプローチの仕方において、フランスの社会学派とマルクス主義理論家との間には、たとえ彼らが異なった衣装を身につけていたとしても、多くの共通点が存在している」と述べている。(7)

それでは、何ゆえにこと新しく「意味のポリティカル・エコノミー」などを立ち上げなければならないのだろうか。私見では二つほど理由がある。

一つは、これまでの人類学、とりわけ「未開」社会を対象としてきたそれが、ここでいう「社会」の部分をきわめて単純化してきたきらいがあるからだろう。つまり、宗教や世界観との関連で「社会」が語られるとき、しばしば実際に言及されるのは、父系・母系・双系といった「親族関係」やバンド制・部族制・首長制といった「政治体制」や互酬・再分配といった「経済」パターンの類型などであった。しかし、今日の人類学は、構造が単純な「未開」社会を対象にしている、と胸を張って主張することができなくなっている。ローズベリーが指摘したように、フィールド自体が「近代世界システム」に取り込まれ、エスニック紛争、労働力移動、資本主義的な生産・流通・消費パターン、(ポスト)コロニアリズム的状況などといった、国内的・国際的諸問題にしばしば直面しているのである。そこでは、文化や意味世界の形成と密接にかかわる「社会」を、親族や政治体制や経済パターンにのみ還元して論じることは不可能になった。ローカル、グローバルさらにはナショナルなレベルが複雑に絡み合った、新たな政治＝経済のあり方こそ、考察しなければならない領域なのである。

第二には、単純な「文化論」に対する批判である。ロフは、先に挙げた論文集への寄稿者のだれもが承認しない前提として、「実在するムスリムから切り離された、物象化され、本質主義化されたイスラム」を挙げている。最近、人類学などにおいてさまざまな論議を呼んでいる、本質主義化された文化（民族、宗教など）というとらえ方に対する批判を、ここで十分に展開する余裕はない。[8] ただ、過度に本質主義化された文化は、あたかもそれがそれ自体で独立した実在であるかのように取り扱われ、それを担っているはずの人々の実際の行動・実践、彼/彼女らが生活のなかで形成している社会的諸関係、そしてそれらを支えている歴史的・生態学的条件などを考慮の外において議論されがちになる。例えば、ロフらが論じているイスラム研究に関しても、七世紀の草創期からずっと変わることなく、ムスリムすべてが共有している（べき）本質的な規範・世界観・価値観などがまず想定され、そこから演繹的に、具体的な個々のムスリム社会や個人のあり方が「評価」されるという議論の進め方になる。これは典型的な「オリエンタリズム」的発想であると同時に、いわゆる急進的なイスラム主義者の一部などにも共有されているイスラム観である。歴史・社会的基盤を考慮の外においた、中空に浮かぶ「文化」論に対する「社会科学」的批判の道具立ての一つとして、ポリティカル・エコノミー論は有効なのである。

「グローバル」と「ローカル」の織りなす錯綜した関係性

ポリティカル・エコノミー論と文化との関係の二つめの論点は、ローカルな個別文化にかかわるものである。これは経済人類学における普遍主義的な形式主義と、個別主義的な実体主義という対比とも、密接に連関している問題の立て方である。

最初に確認しておきたいことは、ポリティカル・エコノミー論は、個別／普遍という二元図式がそのままの形では成り立たなくなった「現代史」的状況を、少なくとも部分的に反映して成立したものであるという点である。換言すれば、近代世界システム論的発想、諸生産様式の「接合」の考察、国境を越えた人・モノ・情報の大量かつ迅速な移動への関心、これらはかつての「小規模・孤立的であり、内部的分化には乏しい」共同体としての「未開」社会というモデルが二十世紀後半の世界史的現実の激しい変容のなかで修正や廃棄を余儀なくされ、むしろフィールドにおいていやおうなく目に入る動態的現象を率直に理解しようとする試みのなかから生まれてきた理論枠組みや問題関心であるということである。

このような観点からすれば、原洋之介の紹介するモラル・エコノミー論の限界もみえてくる。なぜならば、それはある農村内部でのモラルの共有という前提から出発するからである。もしそこに、村人とモラルを共有しない外部勢力が入り込み、彼らの日常的な経済生活に甚だしい影響を及ぼす活動を始めたなら、このような「モラル共同体」は直ちに崩壊しないまでも、そのままの形での維持ができなくなるであろう。そしてこのような事態こそ、スコットの論敵であったポプキンはいざ知らず、ローズベリーらが推進してきたポリティカル・エコノミー論が主題化する現象なのである。

結局、ローカル／グローバルという二元図式は、誤った問題の立て方とまではいえないかもしれないが、今日ではいくつかの留保をつけなければ、そのままの形では用いることができないものであろう。その論拠を十分に議論する紙幅がないことが残念であるが、さしあたりの問題提起として覚え書き風に記しておこう。

今日、いわゆるグローバル化の進展によって人・モノ・情報の移動はいっそう激しくなってきている。ローカルな社会（共同体）といえども、これまでのような確固たる境界線を維持し、外部からの人・モノ・情報の出入りを制限・抑制・規制したりすることはますます難しくなりつつある。彼／彼女たちの日常生活は、外部とのより密接なつながりのなかではじめて成立するようになっているのである。そのような状況において、ローカルな社会のメンバーの思想と行動のなかに、逆の方向を向いた二つの傾向性を見いだすことができる。

一つは、さまざまな経路をとった学習・教育・情報伝達によって、いわゆるグローバルな世界観・価値観などを身につけた、ローカルな人々が出現する事態である。かつてなら西洋化、現在ならアメリカ化したなどといわれる「現地の」人々の登場である。公教育や出版やマスコミなどといった「近代的」情報伝達装置にさらされた「第三世界」の人々、少なくともその一部は、こと経済の領域に限っても、生産・流通における効率化を至上価値とみなしたり（いわば、ローカルな人々のホモ・エコノミクス化）、消費嗜好においても「舶来品」を尊重したりする。その過程がそのまま進行すれば、いわゆるグローバル・スタンダードは、それを受け入れる人々が多数を占めるようになるということで、世界大的な一律の規準にいっそう近づくであろう(9)。

しかし、すべての事態がそのように単純には進むわけではない。グローバル化が進めば進むほど、すなわちグローバル・スタンダードなるものが人々に知られるようになればなるほど、逆説的にではあるが、それに対するローカルなレベルからの反発もいっそう強まってくる可能性がある。広い意味での「土着主義」的な抵抗の勃発である。それはとりわけ文化のレベルで強調され、グローバルという名のもとの「欧米的」世界観・価値観の侵略から、自分たちのローカルな、土着的な文化・伝統・民族性を守れ、という掛け声が高まりうる。ここで忘れてはならないことは、このような「土着主義」の高揚は、その地域へのグローバル化の進行が不十分だから生じるのではないということである。むしろ、ある程度のグローバル化がその地域で進行したからこそ、それをある程度身につけ、それだけにそれに反発をする実はローカルな一群の人々が生み出されたのである。急進的イスラム主義者の例のように、土着主義者は、むしろモダニストであることが多い(10)。

ここでは相反する二つの傾向性を紹介した。おそらく現実にはほとんどの人々は、この矛盾した二つの方向にさまざまな強度で引かれながら、何とかバランスを保って自分の座標軸を定めようとしているのである。このようにグローバル/ローカルという問題設定は、かつてのような単純な二律背反的な二元図式には還元できない。ローカルなレベルにグローバルな要素が芽生え、グローバルとされるものが実はローカルなものであると告発されうるのである。両者は複雑に絡み合い、さまざまな人生模様を今日の世界各地で生み出している。そして彼／彼女たちの生き方を理解しようとしたときに、人々の「社会」生活からその「文化」を探ろうとするポリティカル・エコノミー論は、かなり有益な学問的視点の一つと考えられるのである。

注

（1）K・ポランニー『経済の文明史』（日本経済新聞社、一九七五年）第一〇章などを参照。
（2）原洋之介『クリフォード・ギアツの経済学』（リブロポート、一九八五年）。
（3）G・マーカス、M・フィッシャー『文化批判としての人類学』（邦訳は紀伊國屋書店、一九八九年）。この章題も含め、以下で参照する文の一部は拙訳である。
（4）W. Roseberry, "Political Economy", Annual Review of Anthropology vol.17, 1988.
（5）この流れに関する日本語のレヴューとしては、山崎カヲル編訳『マルクス主義と経済人類学』（柘植書房、一九八〇年）の序論が参考になる。
（6）W. Roff (ed.), Islam and the Political Economy of Meaning, Croom Helm, 1987.
（7）E. E. Evans-Pritchard, Theories of Primitive Religion, Clarendon, 1965.
（8）この問題に関しては、さしあたり拙著『テクストのマフディズム』（東京大学出版会、一九九五年）などを参照していただきたい。
（9）価値観の領域に関して、このような展開過程を私は「価値の開発」と呼んだ。拙稿「価値の普遍性と個別性」川田順造他（編）『岩波講座　開発と文化3――反開発の思想』（岩波書店、一九九七年）所収、参照。
（10）福井勝義・赤阪賢・大塚和夫『世界の歴史24――アフリカの民族と社会』（中央公論社、一九九九年）第三部参照。

III

経済活動におけるエスニックなもの

華僑・華人「経済文化」の検証

三尾 裕子

「華僑・華人」という言葉を聞くと、多くの人々がイメージするのは次のようなものであろう。例えば、華僑・華人とは、故郷を追われた「離散者（Diaspora）」であるとか、世界中を流浪する「一時滞在者（Sojourner）」であるとかいったものである。このようなイメージには、自然災害、政治的な迫害などによって故郷を追われるという悲惨な歴史への同情も込められているだろうし、どんな仕事でもすることをいとわない不屈の精神、どんなところにも適応して生きていけるたくましさという、プラスの印象も含まれている。

こうしたイメージは、ユダヤ人に対するそれに倣っているといえよう。さらに、直接的に「華僑は東洋のユダヤ人である」といった言い回しもよく耳にする。しかしこのような言い回しには、華僑・華人はユダヤ人と同様金儲けが得意である、といったイメージ、しかも決してプラスのイメージではなく、むしろ金にうるさい拝金主義者といった負のイメージも込められている。彼らはどんな汚い（衛生的に汚いだけでなく、倫理的に汚い）仕事でも、利があれば飛びつくし、利を得るためならばどんな汚い手段も使う、というイメージもそこには付加されよう。それゆえ、華僑・華人の集居する都市には、必ず華僑・華人のヤクザ組織（秘密結社）が暗躍している、ともいわれる。ヤクザでなくとも、彼らの商業組織やネットワークには、非中国系に対する排外意識が強いのではないか、といった疑いのまなざしも、しばしば向けられる。

以下では、これまで彼らに関する形容としてステレオタイプ化されてきた諸言説を取り上げて再検証するなかで、彼らの経済活動と密接にかかわる生活様式や価値観——いわば「経済文化」——が、昨今の経済のグローバリゼーションやアジアの経済危機のなかでどのような変容をみせつつあるのか、またどのような問題点を抱えているのかを考えてみたい。

彼らをさす用語として、以下では「華僑・華人」という表現を用いることにしたい。われわれになじみの深い「華僑」という言葉は、「中国系の（華）異郷に居留する人（僑）」という意味を含んでいる。それゆえ、中国語では、海外に居留する日本人は「日僑」であるし、インド人なら「印僑」である。しかし今日、中国（あるいは台湾）国外——特に東南アジアの場合——に居住する中国系の人々のなかでは、居留民であるよりも、現地に定住し現地国籍を取得している人のほうが多く、このような人々に対しては「華人」という用語が使われるようになっている。一部フィリピンなどではまだ定着していない言葉ではあるが、ほかに定住化した中国系住民をさす適当な用語もないので、本論では、海外在住の中国系の人々に対して、非定住者・定住者を込みで「華僑・華人」と呼ぶことにしたい。

「離散者」？ あるいは「一時滞在者」？

彼らの経済行為そのものについてはあとで検討するとして、まずその生活スタイルと密接にかかわる華僑・華人の「離散者」「一時滞在者」というイメージについて再考しよう。移民研究の専門家R・スケルドンは、『香港を離れて』（一九九七年）という香港中国人の再移住を扱った論文集のなかで、「離散者」イメージについて次のように述べている。すなわち、「離散」は特にユダヤ人の故郷からの離散をさすために使われているが、中国系の人々の歴史的な移民を叙述するものとしても使われてきた。しかし、分散という意味での中国系の人々の離散はあったものの、民族の大部分が追い出されるという意味での離散はなかったし、ユダヤ主義にみられる離散者の強い懐郷の念に比するような感情もみられない。また、中国系の人々の分散にはユダヤ人のような宗教的・哲学的な含みもみられないという点で、ユダヤ人の「離散」とは異なっている。つまり、前者の分散の場合には、数百万人が故郷を離れたとしても、故郷の中国は何らかの形で国家の形態を保持していたし、条件さえ整えば帰郷することも可能だった。失われた故郷を取り戻し、宗教的な基礎を持つ国家を再構築したい、という民族共通の悲願が、移住者たちに共有されていたわけではなかった。故郷への宗教的な含みを彼らにあえて見いだすとすれば、それは故郷に錦を飾って祖先祭祀を行い、自らも「落葉帰根《らくようきこん》」、すなわち死後故郷の墓に眠ることであったろう。このような意味では、華僑・華人に対して「離散者」としてのイメージを賦与することは、みる側の勝手

通貨危機や民主化運動のつまずきなど社会不安が続いた1998年2月，インドネシア・スラウェシ島の暴動では中国系住民の商店が襲撃された。
©ロイター・サン

な思い入れということになりかねない。

他方、「一時滞在者」としての華僑・華人のイメージも、流浪者としてのイメージを増幅してきたといってよい。彼らは、常に故郷から一時的に離れているだけの存在であり、いつも中国へ帰りたいと願っている、とみられてきた。移住した先では、単に「世を忍ぶ仮の姿」としてそこで暮らしているだけであり、いま居住する土地を愛し、よりよくしていこうという気持ちはない、と思われてきた。「腰掛け的な人々」というイメージは、「移住先のホスト社会に貢献しない華僑・華人」という評価につながり、それゆえに、ホスト社会からの差別や排斥といった待遇を受けることにもなった。

こうした排除や差別は、例えば東南アジアでは、かなり根の深い問題となっている。現在の東南アジアの華僑・華人の多くは、中国ではなくホスト国の国籍も取得し、ホスト国の一員として国家建設にも貢献しているにもかかわらず、彼らに対するかつてのイメージは決してぬぐい去られてはいない。東南アジアの諸国で時として起こる政治不安が、往々にして華僑・華人をスケープゴートとすることによって処理されてきたことはその表れであろう。

しかし、スケルドンも述べているように、一時滞在のための移動を中国系の人々に特異な現象とみることは、世界の移民の歴史から中国系移民を排除することになる。またこうした見方は、移動する中国系の人々に対するステレオタイプを強化することにしかならないだろう。十九世紀のアメリカでの、移民グループの帰国率に関する分析によれば、多数のヨーロッパ移民もまた一時滞在者であったし、またヨーロッパ諸国内の移動も、大規模な地域間移動者あるいは一時滞在者によって特徴づけられたものであった。ただ、こうしたヨーロッパ系移民と中国系移民との相異は、中国系移民がおもに労働力の不足したところへの穴埋めとして、既存の制度的な枠組みのなかへ移動していったために、ヨーロッパ移民のように多数の家族員を持つ大規模な移民システムを構成することができなかった点にあるという。

移動を常態とする人々

華僑・華人が「離散者」であったり特殊な「一時滞在者」である、といったイメージがなかなかぬぐい去られない理由として、彼らのあいだには「故郷を離れることに対しての儒教的伝統にかかわる文化的信念」があるからだ、としばしば語られる。つまり、一般に中国人は、やむをえない場合以外を除いては故郷を離れて異郷に成功の道を求めることはせず、できうる限り生まれ育った土地にとどまろうとするとか、どうしても故郷を離れる場合には、いつか故郷に錦を飾り、祖先の墓のある場所に自分も埋葬されなければならないと考えている、といったような語りである。もちろん、こうした語りは間違いではない。彼らが海外へ生きる道を探した理由が、やむにやまれぬ事情であったことは確かであろう。また、「落葉帰根」や「衣錦還郷（故郷に錦を飾る）」ということわざは、華僑・華人を説明するとき、あるいは彼ら自身が自分たちのメンタリティーを説明するときに常に持ち出される。

しかし、こうした見方は、世界中津々浦々に中国系の人々が居住しているという実態を、必ずしもうまく説明することに成功していないだろう。つまり、それほどやむにやまれぬ理由でしか移動しない人々がなぜ、世界中ありとあらゆる地域の、しかも田舎にまでやってきて暮らすのだろうか？　むしろ、彼らが移動することのきっかけはやむにやまれぬ事情だったとしても、「移動すること」そのものはそれほどネガティブなこととしてとらえられていないと考えなければ、実態にそぐわないのではないだろうか？

筆者は、もちろん彼らに「一時滞在者」としてのメンタリティーがあることを否定はしない。しかしこのことがすなわち「いやいやながらの移住」しかありえない、ということの根拠になるとは限らない、ということが言いたいのだ。そもそも、中国の歴史をひもといてみても、なぜ中国大陸という広大な領域に「漢族」と呼びうる人々が分散しているのかといえば、長い時間をかけて中原からの人の移動があったことは明らかであり、また移動の過程のなかで、移動先に先住していた非漢族を同化吸収していったことによって、今日みられるような十億を超える漢民族人口が形成されたといってよいだろう（もちろん、少数だろうが、逆に漢族的な移住民が先住民に同化吸収された場合もありうる）。そのような、漢族（あるいは漢族化した人々）の移動の過程は、彼らの「族譜」をみても明らかである。

試しに、私が調査している台湾雲林県のK一族の族譜を紹介しよう。族譜は、もちろん客観的な史実を記しているのではなく、族譜が編纂された時点において当該一族にとって価値のあると考えられることが、あたかも事実であったかのように記述される、という側面を持っていることを先にお断りしておこう。さて、K一族は、そのなかから日本植民地時代に「庄長（村長に相当）」や「保正（隣組組長的な役職）」が出たり、日本へ留学した人も何人かおり、戦後も「村長」が出るなど、地域社会においては比較的有力な宗族ではある。しかし、清朝時代には科挙を受験した者もおらず、「祠堂《しどう》」を持っているわけではなく、族譜も少なくとも台湾に渡ってから以降は一九七〇年代後半まで編纂されなかったという意味では、宗族に対する意識は低いといってよいだろう。この族譜をみると、一族の歴史は「炎帝神農氏」という神話的人物に源が求められている。こうした手法は、族譜にはごく普通にみられることであり、自分たちの「漢族」としての正統性を、神話と結びつけることによって確保しているのである。次に具体的な居住地名が出てくるのが、神農氏から数えて第十五代目の「伯夷」で、現在の河南省南陽付近に居を構えたという。その子は「呂尚」という周代の「斉」国の始祖であるとされている。こうした系譜の書き方からしても、彼らが「中原」の民の子孫であることが主張されていることは明らかである。

さて「呂尚」の下の世代をみていくと、四代あとの「伯昌」が「彭城」に、それからさらに九代あとの「虔」は「東平」に住んだ、とされている。ところが、「虔」から十代下ると、とたんに系譜関係が怪しくなり、次に登場する「競茂」は、唐の粛宗の常侍宰相の子で「河南光州」に住んでいたが、「福建省泉州府同安県」に移り住んだと記されている。この下の世代になると十四代ほどが記されているが、これらの人々と、さらにその下の世代の「元世祖」という現在のK氏一族の直接の祖とされる人との関係は不明である。族譜では「元世祖」は「同安県」に居住したようだが、その子が十八世紀初頭にまず「澎湖島」に移住し、さらにその息子が台湾の現在の居住地へ再移住してきたということになっている。

族譜ではこのほか、記されている生年・卒年《そつねん》が上下の世代で符合しない点など、厳密にみていくとつじつまが合わない点が多々みられる。ただ、その点はいまはおくとして、注意したいことは、族譜のなかにさまざまな地名が書き込まれていることである。つまり、彼らは族譜上では移住を繰り返しているのである。すでに述べたように、族譜は、客観的事実であるか否かは別として、それを編んだ時点で当該一族にとってマイナスとはならないこと、あるいは誇れることを記述したということができる。とすれば、移住を繰り返したこと自体は、決してマイナスではない、ということができよう。彼らにとって重要なことは、祖先がかつて中原の地に居住していたこと、始祖が炎帝であったことを主張することであり、これらが彼らの漢族としての誇りとなっている。こういう考え方が、先祖代々同じ場所に住んでいることを誇りとするといった考え方とは相容れないものであることは容易に想像されよう。つまり、彼らにとって重要なのは、「根」あるいは「源」が中国の中原にあるということが何らかの形で主張できることである、といえないだろうか。

もちろん、あらゆる中国人が族譜を持っているわけではないから、族譜を持つ条件を満たさなかった人々は、自分の「根」を明示することはできない。しかし、一度族譜を持とうということになれば、そこで編まれる族譜には、中国人としての一定の形式——すなわち、中原とのつながり、中国の神話とつながる始祖、父系血縁者を書き入れること、移動の経路を書き入れることなど——が現出してくるのである。

以上をまとめれば、華僑・華人は必ずしも移動することをネガティブにはみていない、やむをえず移動したとしても、「根」が中国にあるという意識があればこそ、どんなところへ出稼ぎあるいは移住することもいとう必要はない、ということであろう。華僑・華人が世界中で活躍するたくましさの一因は、こうしたことにあるのではないだろうか。

シナプス的ネットワーク社会

さていよいよ、華僑・華人の経済行為により直接的にかかわる部分でしばしば聞かれる言説について考えてみよう。華僑・華人経済の強みは、「ネットワーク」だといわれる。ネットワークというのは、集団ではなく、個人をベースにした関係の網の目をイメージすればよいであろうが、華僑・華人の場合には、このネットワークが縦横無尽に張りめぐらされ、それが日常生活やビジネスを円滑に進めていくときに役に立つ、というのである。

実際、華僑・華人企業を日米の大企業と比較すると、一企業としての経営規模は小さいが、ネットワークをベースとした経営規模は、日米の大企業よりはるかに大きいという。華人企業間では、強い連携を通じてネットワークを形成し、資金と情報を中心とする経営資源を共有しつつ、リスクを分散させたり、コストの軽減をはかって生き延びてきたというのである。

しかし、華僑・華人ネットワークの最大の特徴は、おそらく、香港や東南アジアにおいて現に顕在化したこうした企業間のネットワークの裏に、いまだ顕在化していない、あるいは休眠中の、はるかに膨大なネットワークの候補が散らばっているということではないか、と筆者は思う。例えば、筆者はかつて何度も、日本人にはあまりなじまない以下のような経験をした。筆者のようなよそ者が見知らぬ土地から土地へと旅をする場合、友人の紹介で、遠い親戚やら友達の友達といった人が、私を現地で待っていてくれたり泊めてくれたり、といったことがよくあった。もしも私自身が、友人である外国人を紹介して案内してくれるように頼むとしたら躊躇してしまうほど、遠い親戚や疎遠な友達が相手だったとしても、仲介役の彼ら友人たちにとっては一向に頼むのは平気らしい。もちろんその逆もいえるわけで、彼らは同宗とか遠い姻戚・同窓とかいった何らかの接点があれば、頼まれたことを気安く引き受けるのである。

こうした関係は、普段は必ずしもアクティブであるとは限らない。眠っている関係であったり、まだその関係が気づかれていないということすらもあるかもしれない。しかし、必要が生じてくれば、いままであまり意識されていなかった接点が実体を帯びてきて、そこに往来関係が生じるのである。それは比喩的にいえば、神経回路が普段は眠っているのが、あるとき体のある部分を働かせる必要が出てくると、それにかかわるあるシナプス（神経接合部）がさっと結合してそこに電流が流れる、といったふうに例えることもできよう。

もちろん華僑・華人は、日ごろから、現にあるネットワーク以外に新たに使えそうなシナプスがないか、ということにも関心を払っている。華僑・華人のシナプスは、考えようによって増えも減りもする、という点は、体の神経とはちょっと違うかもしれない。一九八〇年代後半以降、さまざまな形の華人の地縁・血縁ネットワークを強化する世界大会が設立され、定期的に会合が開かれていることなどもその表れであろう。こうした世界大会では、例えば「世界広西同郷聯誼会」「世界謝氏宗親総会」といったように、同郷・同宗・同業といった絆が呼び起こす親近感をよりどころにして、メンバー間の親睦を深め、同属意識を高め合うと同時に、新たなビジネスチャンスを得る機会としての潜在性が期待されていることはいうまでもない。方雄普・許振礼編著の『海外僑団尋踪《じんそう》』（一九九五年）によれば、世界的な規模で組織化されている華僑・華人のアソシエーションは、わかっているだけでも六〇団体、アジア、ヨーロッパなどエリア別のものが一六団体もあるという。

「儒教資本主義」はあるのか

しかし、だからといって、華僑・華人のネットワーク形成が、彼らの文化に根ざした本質に由来するものであると結論づけることは短絡的である。一九八〇年代、ＮＩＥＳやＡＳＥＡＮの経済成長が目覚ましかったころ、これらの国や地域の経済活動をおもに担ってきたのが中国系の人々であったこともあって、中国系の経営方式の基礎となる「倫理観」は儒教的なものであった、といった言説が流行した。つまり、行き詰まりをみせていた欧米の経済発展を打開する切り札のごとくに「儒教精神」がもてはやされた。そうした言論のなかで抽出された「儒教精神」とは、家族主義的な経営であるとか、同宗・同郷を重んじるネットワークといったものだった。

しかし、華僑・華人の経営方式やネットワーク形成は、むしろ彼らの海外進出における歴史的な環境によって条件づけられてきた、と考えられる。華僑が大量に中国華南地域から東南アジアやアメリカなどへ移動し始めたのは十九世紀後半であるが、それはイギリスやアメリカなどにおいて、アフリカ人奴隷に替わる肉体労働者が必要とされたからであった。植民地体制あるいは帝国主義的な体制のなかに投げ込まれた彼らは、過酷な生活環境、搾取と差別の荒波のなか、言葉が通じる同郷者や親戚を頼ることによって、生きる道を模索してきたのである。労働者の身分から解放され商売を始めることのできた者はごく少数であるし、商売人となった華僑もその大半は、家族労働を基盤にした零細企業を起こすことしかできなかった。二十世紀初頭のシンガポールでは、華僑が大規模な商売を始めたくても、イギリス系の銀行はまったく相手にしなかったという。それゆえ、華僑は同郷・同宗の人々のあいだで未組織金融——頼母子《たのもし》講《こう》の類——をつくり、資金を融通し合った。これが発展したのが、現在有名な華僑・華人系の銀行である。華僑・華人のビジネスの強みは、能力のある個人が強力なリーダーシップのもとに家族経営の企業を興し、華僑・華人の企業に資金を優先的に融通する銀行を抱えていることである、ともいわれているが、その成り立ちには植民地下での自力更生的な努力があったのである。

海外進出の初期に、同郷や同宗を頼りとした華僑・華人たちは、ビジネスを拡大していく過程のなかでも、同郷や同宗であることを担保とする「信用」を大事にする、といわれてきた。すなわち、同郷・同宗といった「担保」は、企業の自己資本比率の多寡などよりも、融資の決定にとって重要だというのである。また、家族経営的な企業体質は、経営者の鋭敏な感覚で市場の動向にスピーディーに反応することができるといわれ、傘下にさまざまな業種の企業を持つことで、ハイリスクの事業に参入しても、それで被るかもしれない損失を分散させることができるという。しかし、家族的経営は何も華僑・華人の特殊な形態ではない。アメリカの大自動車メーカーのフォードですら、そもそもは家族経営であった。現在でも華僑・華人の企業の世代深度はたかだか三代か四代である。経済のグローバリゼーションが進行する今日的な状況に照らしても、彼らの経営体質が今後不変であるということはありえないであろう。

実際、一九九〇年代に入って、華僑・華人の企業には、家族主義的経営、同宗や同郷のネットワークに頼る経営戦略を乗り越えようという動きがみられるようになっている。企業経営者のなかには、一族の子弟のうち有能な者を欧米に留学させて経営学修士をとらせ、帰国後も企業内で経営手腕を発揮できるかどうか試すような動きもある。また、一族の外から有能なマネージャーや高度な専門技術を持つエンジニアを招き入れ、近代的な経営体質への脱皮をはかっている例もある。経済のグローバリゼーションは、従来の華僑・華人的な企業経営、すなわち華僑・華人的な経済文化では対応しきれない部分を生み出していることも事実である。特に九七年のタイに始まった金融危機では、華僑・華人企業も相当な痛手を被った。この危機を乗りきるためには、華僑・華人的な従来の経営体質からの脱皮は不可欠となっているのである。

「文化中国」の両面性

経済のグローバリゼーションは、華僑・華人の経済とかかわる文化の多様性を減じさせていく傾向にある。それは、今日新たに出現している新移民の特質という点でも顕著である。香港の中国返還などによる香港からの、また東南アジアや台湾などからのカナダやオーストラリアへの移民のなかには、教育程度も経済的な水準も高い人々が多く含まれている。また、最近では「太空人（宇宙飛行士）」と呼ばれる新たなタイプの移動民も出現している。「太空人」とは、アジア（香港や台湾、東南アジアなど）と欧米などを頻繁に往復する移動民をさす。彼らは、妻子や財産を欧米の政治的に安定した地域に置きつつ、自身は欧米とアジアを往復し、拡大するビジネスの重要な担い手となっている。最近急増しているこういったエリートタイプの華僑・華人移動民は、流暢に英語を操り、欧米の大学教育を受け、欧米的な価値観に基づいたビジネス感覚を持っている。中国的な教養や中国語よりも、欧米のそれらのほうに適応すらしているともいえる。しかし、だからといって、こうした人々が、中国人の末裔としてのアイデンティティーを捨て去ったかというと、そうは単純ではないようだ。

例えば、一九九〇年代に入って一躍有名になったアメリカ国籍の儒教思想研究者、杜維明（Tu Wei-ming）の「文化中国（Cultural China）」概念は、西洋化したかにみえる中国系の人々の琴線に触れるものであった。中国は近代史において、それ以前の長いあいだに培ってきた儒教を基礎とした知的な伝統を、近代化の阻害要因であるとして排除してきた。欧米や日本の帝国主義的な野望にさらされた中国人は、中国においても、また労働者として移住していった海外においても、西洋文化・社会の強大な力あるいは移住先の現地の文化や社会の圧力下で、「中国人」としてのアイデンティティーを身につけていった。しかし、そのアイデンティティーに賦与された内実は、西洋と比べて文化的に遅れ、政治的にも弱体の中国への自己同一化であり、現地社会からは中間搾取者として嫌悪される意味で、現地に同一化できないゆえの苦しい選択でもあった。ところが、中国系の人々をその担い手の中心とした八〇年代からの経済の急成長は、「儒教資本主義」という言説を生み出すほど、彼らに自信を与えたといってよい。そして、杜維明の「文化中国」概念は、政体や国境を越え知的に中国を理解しようとする非中国系の知識人までをも巻き込んだ形での、中国文化の再評価へと突き進んでいる。

これまで筆者は華僑・華人の経済文化を本質主義的な観点でとらえることへ異を唱えてきたが、本質主義的な見方は、実は中国系の人々自身が再生産してしまうほどの魅力をそなえているといってよいだろう。しかし、こうした観点は、グローバライズしつつある経済活動のなかで、自分たち自身を他から排除してしまう、つまり華僑・華人特殊論を自ら再生産しているというジレンマに陥りかねない危険性がある。世界経済のなかで生き残りをはかりつつ、中国系としての独自の価値観を守っていくことができるのかどうかが、今後試されていくであろう。

「見えざるユダヤ人」とバザール経済

堀内 正樹

　一九九八年、臼杵《うすき》陽《あきら》氏（国立民族学博物館）が『見えざるユダヤ人』（平凡社）という本を出した。この労作は、これまでわれわれの知らなかったユダヤ人の存在を明るみに出し、従来のユダヤ人像の成立基盤を根本から変えさせる契機を提供している。いったいその「見えざるユダヤ人」とはだれなのか。

　全世界のユダヤ人千二〇〇万人のうち、アメリカに続く第二位の人口を擁するイスラエルにおいて、いまや数字のうえではマジョリティーになろうとしている、ミズラヒームと呼ばれる人々がそれである。ミズラヒームとは「東洋の人々」という意味で、一九四八年のイスラエル建国以後、イラクやイエメン、モロッコなど、おもにイスラム圏の諸国（東洋？）から流入してきたユダヤ教徒をさす。彼らは、言語をはじめさまざまな文化的特徴に関して、ヨーロッパ出身者とは異質なものを背負ってきた。

　この二〇〇万人を優に超えるマジョリティーの姿が見えなかったのは、イスラエルの政治と経済、さらに言論が、ヨーロッパ出身のユダヤ人（アシュケナジーム）によって独占されてきたためである。彼らが欧米の言説のなかでユダヤ人を代表し、ユダヤ人に関して日本に流入する情報のほぼすべてが欧米を発信地としてきた以上、われわれの前にミズラヒームが姿を現さなかったのは当然だった。

それがいま、沈黙を強いられてきたミズラヒームの発言力が顕在化し、「東洋人」とされた人々が「西洋人」に公然と異議を申し立てることのできる状況が生まれている。この対立を西欧の文化様式とイスラム的文化様式の対峙として理解するのが、本稿の出発点である。特に本特集のテーマに引きつければ、ヨーロッパのユダヤ人が西欧経済に果たした役割を念頭におきつつ、それとの対比において「見えざるユダヤ人」が故国たるイスラム世界で果たした経済的役割を検討することによって、経済のグローバル化が、実は幾多のローカルな経済様式（民俗経済学）の相互接触のプロセスになっているのではないか、という見通しを立てることができるように思われるのである。

以下で検討するのは、見えざるユダヤ人のなかで最も多くの人口を擁し、ヨーロッパ出身者を含むイスラエルの全ユダヤ人の出身国別統計でも、他を圧倒的に引き離してトップの座を占めているモロッコ出身者が、故国モロッコで置かれていた状況についてである。

モロッコのユダヤ人

ユダヤ人は、離散と迫害の経験を共有するなかで、数千年の歴史を超えてユダヤ的な本質と連帯を維持し続けた……とする本質主義的見解が、近代ヨーロッパの文脈で生み出された神話であることについては、臼杵氏も指摘するところであり、私も同意見である。彼はこのような神話的な想定を「大文字・単数のユダヤ人像」と呼び、われわれがめざすべきは「小文字・複数のユダヤ人像」であると提案している。そしてその小文字の一つである「モロッコ系ユダヤ人」は、詳しくみればさらにさまざまに異なった背景を持っている。その事情を、ごく簡単に振り返っておこう。

プリシュティームと呼ばれる最初のユダヤ教徒が北アフリカの海岸伝いにモロッコにやってきたのは、紀元前後のことだった。彼らは先住のベルベル人諸部族のあいだに入り込み、いくつかのベルベル部族がユダヤ教に改宗する例もあった。やがて両者は、「ベルベル語を話すユダヤ教徒」ということで一括されるようになる。

八世紀には、イスラム教徒の流入に伴って、東方からいわばユダヤ教徒の第二波がやってきた。彼らは都市部のみならず、先住の「ベルベル語を話すユダヤ教徒」との接触を繰り返すうちに、アトラス山中やサハラ砂漠、あるいは南西部の村々にまで入り込み、融合を遂げていった。

十五世紀末には、レコンキスタによってイベリア半島(アンダルシア地方)を追われた数万人のユダヤ教徒が、モロッコ北部の諸都市に流入した。カスティーリャ王国の影響を受けた彼らの言語やミヌハグ(地域的法慣習)は、モロッコ在来のユダヤ社会のそれとのあいだに軋轢を生じさせ、フェズやテトワンなど北部の諸都市で対立が続いた。これ以後、イベリア半島から逃げてきた人々をメゴラシーム(追放者)、以前からモロッコにいた人々をトシャヴィーム(土着の人々)と呼ぶようになった。

大都市や平原部、海岸部ではこの対立は前者の勝利に終わり、メゴラシームすなわちスファラディーム（スペイン系ユダヤ人）がユダヤ共同体内部のリーダーシップを握ってゆく。彼らの一部は、やはりイベリア半島を追われ地中海一帯のオスマン帝国領やイタリアなどに逃げた仲間とのあいだに、緊密な商業的・親族的ネットワークを築き、大商人になる者もあった。

十九世紀になってモロッコと西欧諸国との経済接触が拡大すると、彼らはピレネー山脈以北のアントワープや、のちにアムステルダム、ロンドンなどに逃げていたスファラディームとのネットワークを構築し、モロッコの対西欧貿易の主役になってゆく。そして二十世紀の植民地時代には宗主国フランスとのリエゾン役を果たし、イスラエル建国（一九四八年）、モロッコ独立（一九五六年）の時代を迎えることになる。現在に至るまで、アンダルシア出自を示す家名は、ユダヤ社会内部のエリート層の必携アイテムであり続けている。また、モロッコ到着後にイスラムに改宗したスファラディームの一部もアンダルシア起源の家名を保持し、現在でも富豪の代名詞である「フェズ商人」の重要な部分を構成していることを付け加えておこう。

ユダヤ人は商業民族か

こうしてみると、ユダヤ教徒は商業に特化した民族という印象を与えるかもしれない。しかし大多数のユダヤ教徒は、今世紀半ばまで、都市、農村、山村、砂漠のオアシスなど、およそモロッコのあらゆる場所に拡散して、その地方ごとの生態的・社会的環境に合わせて、農業や手工業、行商、職人、賃労働者、芸人など、多様な職業生活を営んできた。彼らが集まり住んだ区域は一様にメッラーフと呼ばれたが、そのメッラーフの数はモロッコ全体で数百カ所に及び、総人口は二十世紀前半で約二五万人前後と推計された。こうした人々を「商業民族」と形容することは明らかに不適切である。

ひるがえってヨーロッパでも、ユダヤ人は多様な職業によって生活してきた。特にポーランドやロシアなど、いわゆるイディッシュ（ドイツ語などとヘブライ語との混成語で、日常語として広く使われていた）の世界にあっては、職人や農民が主流を占めていた。にもかかわらず、そこでは「離散共同体」という神話とともに、ユダヤ人は商業・金融・交易に特化した民族であるという「商業民族神話」が成立した。なぜか。そのルーツはヨーロッパ中世にある。

中世にあっては、利息をとる金融業をはじめ、商業活動一般がキリスト教によって卑賤視されていた一方、封建領主は領民の移動を極度に制限した。このためユダヤ人は、宗教的にも政治的にも部外者の位置におかれ、移動の自由も手伝って、もっぱら共同体間のつなぎ役として、「普通の生活形態ではない」商業・金融・交易に携わることができた。その後近代資本主義が成立すると、商業に与えられる価値は一八〇度転換し、ドイツの社会学者M・ウェーバーとW・ゾンバルトによるユダヤ人と資本主義の議論に代表されるように、成功した一部のユダヤ人の存在が良くも悪くも過度に注目される一方、大多数のユダヤ人は「卑賤な民」として隔離され続けた。つまり、中世にまかれた神話の種が、近代に入って「商業民族」「離散の民」というイデオロギーに結実していったわけである。

もしこの理解が大筋において正しいとすれば、重要な点が二つある。一つは、近代資本主義の成立を境にその価値が逆転したとはいえ、商業活動がヨーロッパ社会においては特別な意味を与えられてきたということ。もう一つは、ユダヤ人がその特別な活動に、普通の人々以上に深くかかわったとみなされたことである。

ところがヨーロッパとは違って、モロッコにおいては、そしておそらく他のイスラム圏にあっても、このようなユダヤ神話は成立しなかった。その理由は、商業活動が人間の特殊な活動分野とはみなされなかったからである。それは当然の、というよりまったく自明の活動であった。また、それにかかわる人々が社会のほぼ全体に及んだ。ユダヤ教徒のみがもっぱらその任に当たっていたのではないのである。また「離散共同体」神話についていえば、モロッコではベルベル人もアラブ人も黒人も、ユダヤ教徒と同等かそれ以上に、離散と移動を昔から繰り返してきた。つまりヨーロッパのユダヤ神話は、モロッコにおいてはいずれもその成立条件を欠いていたのである。

モロッコにおけるこうした商業活動の普遍性を説明する鍵は、「バザール」(アラビア語で「スーク」)にある。スークは、そこでさまざまな商品が売買されるという意味では市場《いちば》であるが、商業取引に起因する大小さまざまな職業が派生し、それらに従事する人々のネットワークが物の流れと重なって、後背地たる周辺の町、農村、オアシス、さらに長距離交易を介して西アフリカやヨーロッパとも結びついた。いわば社会全体が、職人であれ農民であれ牧民であれ、アラブ人であれベルベル人であれ、そしてイスラム教徒であれユダヤ教徒であれ、いずれもがスークというシステムに組み込まれていた、といってよい。

流通システムとしてのスーク（市場）

この状況を具体的に理解するためのモデルケースを、アメリカの経済史家D・シュローターが、十九世紀に繁栄したモロッコ南西部の貿易港スウェイラ（エッサウィーラ）の詳細な研究をとおして提供してくれている。スウェイラは、対西欧貿易を一カ所に集中させる目的で十八世紀後半にモロッコ政府（王宮）が建設した、政策的な港湾都市である。町の繁栄は約百年間続き、ユダヤ教徒がその主役を演じた。

〈上〉スウェイラ市に残るユダヤ人配管工の店（正面右）
〈下〉スウェイラ市のユダヤ人墓地
写真提供　筆者（以下同）

ユダヤ教徒は町の人口の約三分の一を占め（六〇〇〇～七〇〇〇人）、その大半は周辺地域から流入したトシャヴィームだったが、ユダヤ社会の頂点をなしたのは「王の商人」といわれたわずか十数家族の豪商である。彼らはモロッコ北部の諸都市から勅命によってこの町に送り込まれたスファラディームで、王宮から無償の融資（サラフ）を受け、国王の代理人として、若干のムスリムの豪商とともに輸出入を独占した。

　彼らは町の内部や周辺地域に代理人を置き、その代理人はさらにローカルな場所に代理人を置いて、輸入品の販売と輸出品の買い付けに当たった。こうした代理人契約の網の目は、後背地のスーク圏の構成と重なっている。後背地では、まず最も末端のいくつかの週市を統合する「地元スーク圏」があり、さらに地元スーク圏はより広い「地域スーク圏」に統合される。そしてユダヤ教徒の場合、それぞれのスーク圏に位置するメッラーフに代理人が配置された。サハラ方面とのキャラバンによる長距離交易も、代理人契約の連鎖によって成り立っていた。

　こうした代理人契約のシステムは、スペイン語からの借用でコミサリオと呼ばれるが、コミサリオ・システムを機能させたのはキラード（あるいはコメンダ）と呼ばれる出資様式である。それは出資者と受託者が利潤を分け合い、損失が生じた場合には出資者が全責任を負うというもので、両者がリスクを分担する方式（シャリカ）とともに、広くイスラム圏に普及している。キラードの利点は、受託者である代理人の裁量権の幅が広がることであり、それが商業活動の意欲を高めた。また山奥に住む個々の顧客にまで及ぶ信用取引の浸透が、コミサリオ・システムに柔軟性を与えた。

　ユダヤの豪商たちは、国王の代理人であるとともに英仏の貿易商の代理人でもあることによって、こうした物流の結集点に位置することができたのだが、国内各地に分散するその代理人たちもまた同様に、他の出資者の代理人をつとめることが多かった。周辺のベルベル諸部族の長や、ザーウィヤと呼ばれるイスラム教団の長などがその代表である。

地方の週市（アトラス山中の土曜市）にて。ムフタスィブ（市場監督官）が入市税を徴収している。

彼らと代理人の関係は、単にコミサリオ関係だけではなく、保護者と被保護者の関係でもあった。代理人たちは、地方のスークで活動するにはその地の部族長に入市税を払い、またキャラバンでその地域を通過するに際しては、ゼッタータ（ユダヤ教徒の場合にはメズラグ）と呼ばれる通行税を支払う。その見返りに彼らは商売の安全を保障されたのである。そして彼らは単に輸出入品だけでなく、複数の代理人契約によって地元産品の域内流通にも携わり、スークの活性化に貢献した。ユダヤ教徒の場合にはムスリムと違って戸別訪問販売が許されたため、代理人の末端である行商人がさらにきめ細かく地方の人々をスーク・システムに取り込む機能を果たした。この結果、流通ルートは「血管状」ではなく、文字どおり「網の目状」に社会全体を覆うことになった。

制度としてのスーク

スウェイラのスークは、行政と治安を担当する知事（カーイド）

と、輸出入の関税にかかわる業務や入市税、物品税などの徴収業務を監督する財務官（アミーン）、および多くの公証人（アドル）を傘下に置いて法秩序の維持と紛争の調停に当たる法官（カーディー）とによる三頭制によって管理された。しかし、膨大で複雑な実際の仕事は、アミーンの部下であるムスタファードという商務官と、地元の民間人であるムフタスィブによって行われた。ムフタスィブはイスラム法に通じており、職人の管理や度量衡、金銀市場の監督、異常な価格取引の監視などを行った。

　ユダヤ教徒もこの制度に従ったが、彼らの内部では、知事から任命されたナギードと呼ばれる代表者がムフタスィブの機能を果たし、ダヤンと呼ばれるラビが公証人（ソーフェル）とともにユダヤ法分野から市場を監視し、ガバイという徴税官が財務官に相当する仕事をした。

ラバト市の食料品店。商品のなかには規格品も増えている。

　こうしてみると、ユダヤ教徒は彼ら独自の社会をつくって活動していたようにみえるが、宗教生活を別にすれば、政治とイスラムはムスリム・ユダヤ両者の別なく商業活動を支えた。政治面では、すでに述べた王宮からの無利子の巨額融資があったが、豪商たちはそれとは別に、港湾施設や倉庫、建物などの公共施設を政府から低利で借り受けることができた。彼らはそれを代理人や他の商人に又貸しし、それらはさらに小売商や職人などに貸し出され、全体として経済のインフラを提供することになった。

一方、宗教面で重要なのは、ハブースと呼ばれる宗教寄進財である。土地や建物などが宗教目的のために寄進され、その収益が福祉目的に使われるのである。スウェイラや近郊の商館の多くはハブース財で、その使用権が低額固定の長期契約で競売によって豪商の手に落ち、それがさらに細かく分割されて又貸しされ、結果として右の政府施設と同様の機能を果たした。土地の使用権も商人が競《せ》り落とし、それに基づいて彼らは小作農民とのあいだに委託耕作契約を結ぶ。その収穫は自作農がスークに持ち込む農産物よりも多いことがあったから、その経済的重要性は大きかったし、またスーク・システムが農業を吸収することをも促した。一方こうして貸し出された土地や建物の使用権からの収益は、モスクや学校、病院などの建設・維持に使われたので、新たな仕事と雇用を生み出す経済効果も大きかった。

スークの内的意味世界

ところで、右に素描したスークの基本的特徴は、スーク社会の性質のまだ半分しか説明していない。そこで生活している人々自身が自分たちの(商)行為をどのように意味づけているか、という側面が抜け落ちているからである。その点に注意を喚起し、見事な叙述を試みたのが、アメリカを代表する人類学者、C・ギアツである。

彼はモロッコ北部の地方都市セフルーのスークを一九六〇年代末に調査し、そこに住む人々がスーク

ユダヤ聖者の祭り「ヒッルーラ」。聖棺の上に供物をささげて談笑する婦人たち。太い棒状のものはロウソク。(サレ市にて)

の世界をどのように認識し、そこでどう行動しようとするのかを、彼ら自身の用いる語彙と概念に依拠して描き上げた。それを仮に「スークの内的意味世界」と呼ぼう。ここでわれわれにとって興味深いのは、この町でも人口の約四割もの高率を占めたユダヤ教徒が、ムスリムとともに一つの内的意味世界をつくり上げていたことである。

ギアツがスークの意味世界を描写する際に前提とするのは、人と情報とモノの不均質性である。つまり、スークには得体の知れぬ多種多様な人間が集まり、人によってまちまちな膨大な情報が交錯し、一つとして同じ品質・形態のものがない商品が取引される。スークとはこうしたバラバラな人と情報とモノがひしめき合う「混雑した」空間だというのが、当事者たちの認識にもなっている。

そこで人はどうするかというと、まず人間を分類することから始める。セフルーでは、人を弁別する名称が少なくとも六十六種類以上あるという。それらはニスバと呼ばれ、言語、宗教、居住地、出生地、人種、親族集団、部族等々の弁別基準の組み合わせからなっている。「ユダヤ教徒」というのは、それらの基準のうちのたった一つにすぎない。これらのニスバは、今度は職業の分類と重ね合わされる。職業は一般に「官吏」「農民」「スッワーク（スークに関係する人）」とに大別されるが、そのうちの「スッワーク」は、さらに百十種類以上の職業名称によって分類される。これらの名称は、ニスバの場合と同様に、職人と商人、行商人と店舗所有者、一時的商売人と恒常的商人といった、これまた膨大な弁別基準によって民俗分類体系を形づくる。ニスバと職業とはあるパターンによって結びつくと考えられるので、人は取引に当たって、まずこうした方法によって相手の素性を同定しようとする。

次に行うのは情報の選別である。スークに出回る商品は定価のついた規格品ではなく、一つ一つの商品に個性がある以上、信頼できる個別情報を確実に入手することは至上命題だといってよいだろう。しかもその情報は雑多な人々によって担われているのだから、話はややこしい。広く投網を打って玉石混淆の情報をいくらたくさん集めても、こうした状況では意味がない。そこで有効になるのが、一点集中型の情報収集である。つまり安定した長期的な取引相手を確保し、より深い情報をそこから得るようにする。自分に対して「誠実な」顧客を確保し、そこから得られる情報を市場一般に普及している知識と照合しながら、最終的には自己責任でその情報が「納得できる」「真実の」「嘘でない」ものと判断するわけである。ただしここで注意すべきは、「誠実」「納得」「真実」「嘘」といった概念が多分に価値判断を含んでいて、それらはイスラム的倫理に深く根ざした語彙によって表されているということである。

こうして、「だれ」と「何」を話すかということがスークにおける商行為の優先課題になり、それは商談の現場で実現される。ギアツは、商談（値切り交渉）を単なる価格設定のプロセスとはみずに、そこでは信頼できる安定した情報ルートの確保が個々の売買に優先されると解釈する。実際、ある商品の価格は、商品の質はもちろんのこと、相手との関係がどれだけ誠実な関係か、これまでにその相手とどれだけの取引実績があるか、相手が自分にとって有利な情報をどれだけ持っているか、といったことによって決まってくる。したがって、ある場合には当面の損を覚悟で売る（買う）こともあるし、相手との関係がその場で清算されてしまう現金決済を嫌って、あえて延べ払いのような信用取引が好まれることもある。そうした信用取引の複雑で重層化した見えない網の目が、個々のスークの現場を越えて、周辺町村や農村、さらにアトラス山脈の山中やサハラ砂漠にまで及んでいるのである。

高度情報化社会と民俗経済学

一九五〇年代から六〇年代にかけてモロッコからイスラエルに渡った「見えざるユダヤ人」のほとんどは、富裕なスファラディームではなく、スーク・システムにどっぷりと組み込まれていた人々である。現場労働者が欲しいという新生イスラエル政府の本音と、十九世紀後半からモロッコで活動を展開しパリに本拠を置く万国イスラエル協会による「貧しく、虐げられ、野蛮な状態に置かれた同胞を救え」というオリエンタリズム的スローガンが結びつき、モロッコのおもに南西部の町や村にいた中下層のユダヤ教徒が、ユダヤ機関の手によって「大量輸送」されたのである。彼らが新天地で直面することになったのは、

イスラエルからモロッコへ一時的に里帰りし，ユダヤ聖者の墓にロウソクをささげる若者。（フェズ市にて）

アシュケナジームの主導するヨーロッパ的な社会経済体制であったが、それは彼ら自身が習慣《ハビトゥス》として身につけていたイスラム的（バザール的）経済世界とは異質なものであった。

経済史学者の加藤博氏（一橋大学）は、好著『文明としてのイスラム——多元的社会叙述の試み』（東京大学出版会、一九九五年）のなかで、イスラム世界が「市の世界」であり、その文化は「商人文化」であると、説得力のある叙述を行っている。加藤氏も述べるように、イスラム世界には経済人類学者K・ポランニーのいうところの互酬や再分配に基づく非市場経済システムの側面も併存するが、基本的には市場原理が卓越している。しかし思うに、その原理は普遍的原理ではない。流通システムとしてのスークおよび制度としてのスークといういわばハードと、その中で運営される内的意味世界としてのスークというソフトとが結合した全体が、モロッコの「市の世界」なのである。ハード面に関する限り、それは質的にはヨーロッパのそれと変わるところはない。ともに市場経済である。だが、そこから生ずる意味世界は独自の性質を帯びている。この結合体を「民俗経済学」と呼ぼう。

モロッコの民俗経済学を際立たせているのは、商品それ自体よりも、情報の収集・選別・判断に第一義的意義がおかれていることである。まさに情報自体が商品化しているといえるわけで、その意味では、すでに高度情報化社会が成立していたのである。そして、マルチ・エスニックな社会状況と情報のアンバランスな配分がその成立条件になっていたという点でも、現代世界の状況を先取りしていた。たった一つだけ異なっている点があるとすれば、残る一つの前提条件の崩壊、つまりスークの商品とは対照的な、均質な規格商品の大量流入に現代世界がさらされていることである。モロッコの文脈で「経済のグローバル化」が意味するのは、このことにほかならない。それは交渉の余地と情報操作の幅を狭めるものであり、民俗経済学がいかにこの新しいファクターを取り込んでゆくのかが現在的な問題なのである。そしてそのプロセスの進行過程では、植民地時代のように単に西欧の民俗経済学ばかりでなく、中国の、インドの、アジアの、南米の、といった数多くの民俗経済学との交渉が必然的に待っている。経済のグローバル化とは、実はこうした多くの民俗経済学の台頭を促し、相互の遭遇の場を準備するプロセスなのではなかろうか。

Ⅳ

文化が経済を、経済が文化を演出する

文化と経済のボーダーランド

——ボルネオ南西部国境地帯の調査から

石川　登

ボルネオ島は、インドネシア、ブルネイ、マレーシアの三つの国々からなる。北部海岸部の小国ブルネイを別にすれば、島の上部三分の一がマレーシア、下部三分の二がインドネシアで、中央山系の分水嶺が国境線として両国を分けている。一九九三年当時、大学院の学生であった私と妻は、この国境線の西南のいちばん端のマレーシア側、南シナ海に面したイスラム教徒の村テロック・ムラノーに一年あまり住み込んだ。村人自身が「マレーシアの外れ」と呼ぶように、マレーシア領内のいちばん近い町に行くのに、舟で二〜四時間、徒歩では八時間あまりかかる。半年間に及ぶ雨期には悪天候のために舟が出せず、四一戸、人口二〇〇人のこの小村は、二〇戸あまりの隣村テロック・スラバンとともに孤立無援となる。

「動くものは数えなさい。そして、動かないものは測りなさい」という恩師の人類学者の忠告に従い、現地の言葉がうまくなるまでのあいだ、私たちは基礎的なデータ集めに没頭した。調査を続けることによって、私たちが意図していたのは、東マレーシア・サラワク州に住む「サラワク・マレー人」と呼ばれる民族集団についての民族誌を書きあげることだった。

徐々に村の様子が明らかになるにつれて、しかしながら、そのような私たちのイノセントな行動目標が、いかにもあやふやなものとなってきた。サラワクのマレー人とはどのような人々か、どのような歴史を持ち、文化をはぐくんできたかを明らかにしようとする人類学的プロジェクトは、いわば足元から引っくり返されたといってもよい。この村で私たちが向き合った人々は、サラワクの「マレー人」ひいては「マレーシア人」という範疇から外れた人々であることがわかってきたのである。

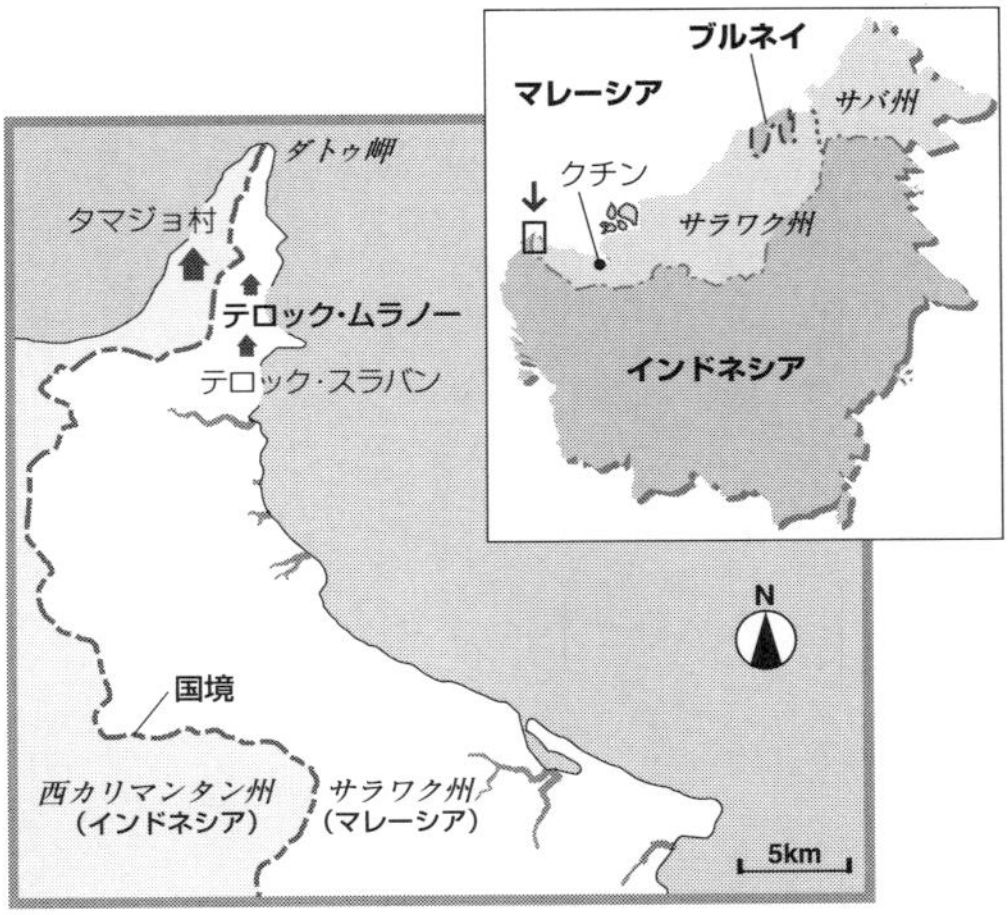

他のマレーシアの町と道路で結ばれておらず隔絶されたテロック・ムラノー村は、従来の人類学者が対象としてきた多くの「閉じた小社会」と同様に、「サラワク・マレー人」の民族誌を書きあげるにはおあつらえ向きの場と一見したところ映る。しかしながら、この村は、文化や経済、そして国家がつくり出す位相のなかで、大いなるずれを私たちに突きつけ始めたのである。伝統的な民族誌は、一つの「民族」が一つの「文化」を保持している

ことを暗黙の前提としてきた。このような了解事項のもと、政府から調査許可を取得し、「民族」に加えて一定の「国籍」を持った人々を恣意的にくくりとり、そこに一つの「文化」を見いだすことが、従来の人類学者の作業となってきた。しかしながら、私たちが日々ともに暮らした村人は、まさにこのような「民族」と「国家」と「文化」の対応自体に疑問を投げかけたのである。

私たちは、撮りきったフィルムやフィールドノートのコピーを友人に保管してもらうために、州都のクチンに数日のあいだ戻ることがあった。そのおり、サラワク博物館に勤務するマレー人研究者や、ホワイトカラーのサラワク・マレー人の友人たちと話をしていくうちにわかってきたのは、私たちが住んでいる村の人々が、彼らとは違うマレー人であるということであった。都会暮らしのエリートのマレー人にとって、これら辺境の地の村人たちは、本当の「マレー人」ではないと受けとられていたのである。

これらの差異は、あるときには、彼らに対する恐れの感情の形をとった。「あの村に入るときは気をつけなさい。村人は霊力が強く、黒魔術にたけているからね」。こういいながらマレー人の友人は、イスラム教のコーランの一節が記された手づくりのお守りを私たちに渡してくれた。サラワク博物館のある研究者は、遠路はるばるサラワクに来て、正真正銘のサラワク・マレー人ではない村人のあいだで調査中の日本人研究者に対する同情を隠さず、さらに「彼らは本当にマレーシア人なの？　本当はインドネシア人でしょ？」という率直な疑問を私たちに投げかけた。

「民族」の範疇を瓦解させるもの

調査村で常に私が感じた困惑は、「東マレーシア・サラワク州のマレー人と呼ばれており、自分たちもあえてこれを否定しない人々」とも表現可能な、きわめて消極的な意味での「サラワク・マレー人」に出会ったことから始まるといってよい。正統の「サラワク・マレー人」を任じる人々は、国家と民族という枠組みから、このような辺境の村人のごく消極的な「名乗り」の信憑性に疑いをもつ。すなわち、クチンの友人たちにとって、村人は「マレー人」ではなく、「ダヤック」という他の民族に限りなく近く、さらに「マレーシア人」ではなく限りなく「インドネシア人」に近い人々なのである。

テロック・ムラノーの村人の社会的なずれの発生の大もとが、彼(女)らのおかれた経済的状況にあることに気づくまでには、長くはかからなかった。この村の人々の生業活動と国家経済に対する周縁性という二つの経済的要因が、この国境地帯の村人たちの社会的帰属を、曖昧なものにしていたのである。

従来、「サラワク・マレー人とはだれか」については、その生業形態が重要なメルクマールとされ、「沿岸部または川筋を中心とする生態環境で、漁業と水稲稲作に従事する」というのが、マレー人のお定まりの民族的指標とされてきた。これに対応するのが、ダヤックと総称される非イスラム教徒であり、「ロングハウスと呼ばれる長屋式の住居に集団で住み、内陸の山地部で焼畑陸稲耕作を行う」という文化的なラベルが彼(女)らに貼られる。これらの民族性の定義については、人類学者がきわめて重要な役割を

焼畑開墾地に火をつけるテロック・ムラノー村の若者
写真提供　筆者（以下同）

果たしてきたことはいうまでもない。

サラワク州では、内陸部のダヤック、沿岸部のマレー人、そして都市部の中国人が三大民族集団を形成してきた。中国系住民と異なり、ダヤックとマレーの人々は、スマトラやマレーシア半島からの移民を除けば、基本的に民族的ストックを同じくし、十五世紀以降のボルネオへのイスラムの伝来を機に、ダヤックの人々がイスラム教に帰依した結果、現在のマレー人という民族集団が形成された。現在、ダヤックたちは伝統的なアニミズムに加えて多くはキリスト教に改宗し、イスラム教を信奉するマレー人とのあいだには明確な民族的境界が存在する。

このような宗教的指標に加え、先に述べたように、生業形態は「ダヤック」と「マレー」を分ける大切な文化的特徴とされてきた。そこで、沿岸部もしくはデルタ地帯の川筋に住み、水田耕作と漁業活動に従事する人々、という典型的なマレー人像を逸脱し、森で焼畑陸稲耕作を行うところに、テロック・ムラノーの人々についての民族的指標の混乱が生じたのである。「原生林を開拓し焼畑陸稲耕作で自給するマレー人だって?」という驚きや疑問は、すなわち「だから本当はマレーではなく、ダヤックではないのか」という彼(女)らの民族性に対する疑念に結びついていく。広大な森林を開き、火をかけ、掘り棒を用いて陸稲の籾《もみ》をまき、稲穂を一本一本小刀で刈り入れるマレー農民は、まさに焼畑を文化の基層として生きてきた山の民ダヤックの民族範疇に抵触する。これは、サラワクの歴史的な文脈のなかでマレー人が創造してきた民族の境界を侵犯するものである。

一つの民族内での生業形態の差異化は、生態的条件への適応の結果であり、同一の民族呼称のもとでの生業形態の分化と共存は普遍的にみられる。しかし、こと「海の民」(orang laut)たるマレー人にとって、焼畑という生業形態は、民族範疇を瓦解させるに十分な民族的指標の混乱を、サラワク南西部沿岸地帯で生むことになる。もちろん、サラワクのマレー人のなかには政府の役人や会社のサラリーマンも多い。村に住む人々も換金作物の栽培や都市部での出稼ぎを行うなど、その生業の形態は現在はさまざまである。しかしながら、海や川を志向した生業に関するマレー人のイメージは、内陸部のジャングルでロングハウスを中心とした集住的な村落をつくり、大規模な焼畑で米を生産してきたダヤックの人々から自分たちを区別するための、重要な意味を持っている。

経済のトランス・ナショナリズムのもとで

テロック・ムラノー村のマレー人たちの民族範疇の周縁化は、このような生態学的適応に加え、この地域での国家の生成の過程、すなわち国家が一つの経済的単体として閉じていくプロセスに深くかかわっている。これは、具体的には、国境地帯という周縁的な社会空間で繰り広げられてきた密貿易や、経済のトランス・ナショナリズムのもとでの不法越境による労働移民の流入と相まって、国境地帯の住民の社会的な周縁化を推し進めることとなる。

テロック・ムラノー村から徒歩で約半時間の国境の向こう側、つまりインドネシア領に入植者が集まり始め、タマジョという開拓村ができたのは一九八〇年代後半のことだ。国境地帯は、現在、一面の荒れ野原となっている。テロック・ムラノーの村人たちが日本軍占領下、軍人の目を逃れ、内陸部の同じ土地で焼畑を繰り返したためである。土地はすっかりやせ、背の高い雑草が土地を覆い、そのあいだに埋もれがちな細い道が、テロック・ムラノー村とタマジョ村を結んでいる。国境には検問所もなく、ただ小さな鳥居のような門がインドネシア人によって建てられ、「ようこそインドネシアへ」というペンキ文字が大書されている。この門の下を日々、ヤシ砂糖、石鹸、そして蚊取り線香などの日用品を自転車の荷台にいっぱい載せたインドネシア人の行商人が通る。この行商人のおかげで、テロック・ムラノー村の男たちはいつでもインドネシアの丁字《ちょうじ》タバコが買えるようになった。支払いはルピア（インドネシアの通貨）、リンギ（マレーシアの通貨）どちらでもよい。テロック・ムラノー村の農家に雇われ、国をまたいで毎日出稼ぎにくるインドネシア人の若者や老夫婦もいる。マレーシア側から、果実、野菜、ココヤシを売りにインドネシア側に出かける女行商人もいる。国境への道は、雨期にはひどくぬかるむが、マレーシア側の他のコミュニティーから隔絶されたテロック・ムラノー村の暮らしにとっては、なくてはならぬ大動脈なのだ。

　元来、この地方の沿岸部に住むイスラム教徒は、イギリスとオランダの植民地化、第二次大戦後の新興国家の独立の歴史のなかで、常に二つの国家によって分割されてきた。テロック・ムラノー村の住民も、もとは十九世紀の末、オランダ領サンバス（現インドネシア・西カリマンタン）側からココヤシ農園を開くために移住してきたイスラム教徒たちの末裔であり、タマジョ村の新たな隣人たちと出自に大きな差があるわけではない。テロック・ムラノー村とタマジョ村の国境を越えた交流は日常生活のすべてに及んでおり、頻繁にお互いの結婚式や法事に招き合い、断食明けの祭には、晴れ着を身につけた若者たちが国境の門をくぐり、自分の村とは味付けの違うお菓子や飲み物を呼ばれる。小学校の講堂で、バドミントンの国際試合が開かれることもある。現在、六人のインドネシア人がテロック・ムラノー村に婚入《こんにゅう》し、マレーシアへの帰化申請の手続き中である。

「ようこそインドネシアへ」：手作りの国境ゲート

　国家からすれば、このような国境を越えた村人の交流は、政治経済的に独立したインドネシアとマレーシアという国家の境界の侵犯にほかならない。このような状況で、テロック・ムラノー村に「密貿易者の村」「インドネシアからの不法入国者の村」というイメージがつきまとうようになる。インドネシア経済の混乱に伴い、ボルネオ島における「汎インドネシア化」とも呼べる、インドネシア労働者や行商人の国境を越えた活動の広がりのなかで、マレーシアの移民法に抵触する不法入国者としてのインドネシア人像の定着と相まって、国境に隣接するテロック・ムラノー村は、インドネシア人のサラワク流入の最前線の一つとして位置づけられるようになる。

村の周縁化の歴史

テロック・ムラノーの村民たちは、文化ならびに政治経済的な中心から遠く離れた国家のフロンティアにおいて、サラワク・マレーという社会的範疇の最外縁部に押し出された結果、「インドネシア人」および「ダヤック」により接近した位置で語られるようになった。「インドネシア人」と「ダヤック」という、それぞれ国家と民族に依拠した二つの範疇は、テロック・ムラノーについての語りのなかでは相互の関係性はなく、独立した指標である。しかし、ここで注意したいのは、これら二種類の周縁化のどちらも、「経済」の局面で像を結んでいることである。サラワク南西部の辺境の地の歴史のなかで、民族性とナショナリティー、そして生態学

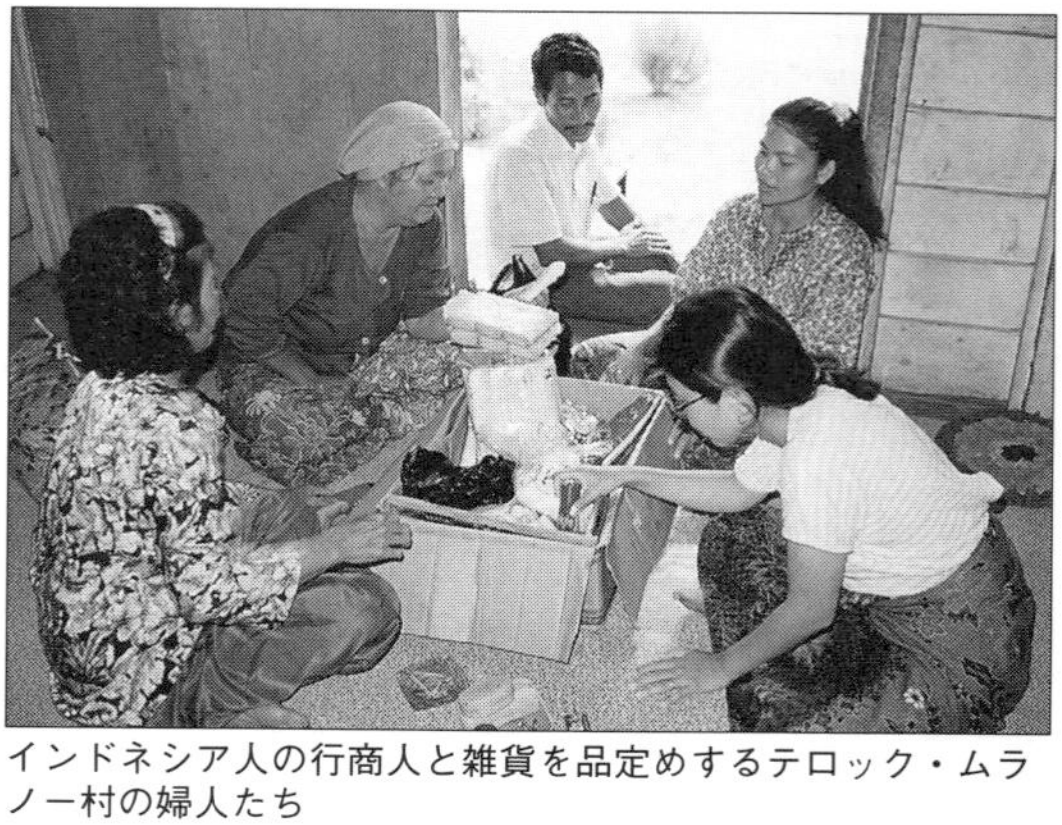

インドネシア人の行商人と雑貨を品定めするテロック・ムラノー村の婦人たち

的適応や経済的トランス・ナショナリズムなどの問題が分かちがたく結びついているのである。

このような、国籍、民族、そして文化の周縁化の問題は、歴史的にとらえることによってのみ理解することができる。ボルネオ南西部の国境地帯は、ブルネイとサンバスという二つのイスラム土侯の支配圏が、そのままイギリスとオランダという西欧列強諸国によって植民地として踏襲され、この境界がのちには、さらにインドネシア共和国とマレーシア連邦という国民国家の国境となる。このような歴史的体験のなかで、テロック・ムラノーの村人たちが、国境を挟んで対峙する両方の国家からはじき出されると同時に、民族集団の範疇からも排除されるにいたるプロセスを考えるためには、村の歴史をさらに大きな歴史の流れのなかに位置づける必要がある。

そもそもテロック・ムラノー村は、その開村時からきわめて周縁的な性格を持っていた。一八八〇年代に、村人の祖先たちは、サラワク植民地政府の指示のもと、ココヤシ・プランテーション開発のための労働者として、オランダ領サンバス地方からダトゥ岬近くに移民した。当時からこの沿岸部は、フィリピンのイラヌン、あるいはサラワクのサリバス川流域のイバンなどの軍船が薪や水を求めて停泊する「海賊の港」(Pirates Bay)と呼ばれ、両植民地政府のあいだの一種の緩衝地帯であった。

サラワク南西部の沿岸部は、グローバルな商品経済の動態のもとで、徐々に辺境の性格を強めていく。テロック・ムラノーの農民たちは、二十世紀初頭のココヤシ産業の衰退とともに、焼畑陸稲栽培に基づく自給経済に特化していった。一九二〇年代のゴム価格の高騰により、サラワクでも多くの農民がゴム栽培に転換した。テロック・ムラノー村は、一時期オランダ領とサラワク領のあいだの生ゴム板の密輸中継地として、大いににぎわった。しかし、のちに村民がゴムの木を植え始めたころには世界大恐慌のあおりを受けて、ゴム価格は無きに等しいものとなっていた。このように市場での商品作物価格の変動周期に振り回され、換金作物栽培への転換に失敗したテロック・ムラノーの人々は、結局、隣村のテロック・スラバンとともに、サラワク南西部における唯一の「焼畑陸稲で自給するマレー人」となっていったのである。

小文字の「文化」と大文字の「文化」

従来、多くの文化人類学者は、人類の生態学的適応を、文化の一側面として位置づけてきた。環境適応としての経済活動は、まさに私たちの生活様式であり、文化的な行為であるというわけだ。仮に、このような局所的な環境適応を小文字の文化（culture）とすれば、大文字の文化（Culture）とも呼ぶべきものも一方で存在する。例えば、「民族文化」や「国民文化」という場合に付された文化は、生態学的適応としての文化を超えた概念として用いられている。テロック・ムラノー村で私たちが体験した、マレー人たちのおかれた状況は、まさに、これら小文字と大文字、二つの文化間のずれが発生し、経済的活動と民族性、そして国籍のあいだの齟齬《そご》が歴史的に拡大していくうちに、人々の社会的帰属そのものが周縁化した状況と考えられる。

現在、国民国家の時代にかげりが見え始め、トランス・ナショナリズムやグローバルな文化や経済の混交とともに、新しい社会的状況が生まれている。人々、商品、そして貨幣が国を越えて移動する状況で、先ほどの二つの「文化」や「民族」、そしてこれらを生成したとされる「場」のあいだの対応関係が、ますますあやふやなものとなってきている。二つの国家に挟まれたフロンティアに生きてきたテロック・ムラノーの人々の歴史的な体験は、現在の私たちがようやく意識し始めた新しい体験を、国境地帯という空間で先取りしたものであり、ポスト近代の時代への入り方の一つの方向を予見するものでもあると考えられる。

ルネサンス美術のパトロネージ

若桑 みどり

ルネサンス美術を興したのはブルジョアである

ルネサンス文化の隆盛は、勃興するブルジョア階級による芸術保護が最大の原因である。しかし、ルネサンスの文化や社会についてよく知る人は、実際のところ、ルネサンス美術の最大のメセナ（芸術保護者）はカトリック教会だったのだと反論するであろう。あるいはまた、ピエロ・デッラ・フランチェスカやラッファエッロの芸術を生んだウルビーノ、レオナルド・ダ・ヴィンチを保護したミラーノ、ブラマンテを保護したマントヴァ、マンテーニャを保護したフェッラーラ、それらはみな封建貴族の統治する君主国家だったということを指摘するであろう。したがって、一面からみればルネサンスは中世的な構造から抜け出ていたわけではなく、中世文化を支えてきたのと同じ社会階層と同じイデオロギーによって芸術が生産されていたのだといえなくもない。その社会階層とは、世襲の嫡出男子によって継承される封建的身分としての君主・貴族階層であり、イデオロギーとは、階層の高貴なものが存在としても高貴であり、そのシステムは不動であり、真理であるというものである。その始まりにおいては変革的であり、被圧迫民族の救済の宗教であったキリスト教は、古代ローマ帝国の国家宗教となることによって、動かない世界の守り手となり、基本的に世襲の土地所有に基礎づけられていた中世社会を精神面から維持していた。したがって、ルネサンスの社会が依然として封建貴族の世襲的封土を基礎にした社会であった限りにおいて、芸術の主な施主・メセナが教会、君主であったことも当然であり、その面のみをみれば中世とルネサンスのあいだに決定的な差異はない。

　しかしながら、例えば十五世紀の代表的な芸術と中世ゴシックの代表的な芸術とを比較すると、そこ

アンゲラン・カルトン「アヴィニヨンのピエタ」(ルーヴル美術館蔵)
写真提供　サンセット

には否定することのできない明瞭な違いがあることがわかる。例えば、国際ゴシック様式全盛の一四〇〇年ごろのフランスの「マルエルのピエタ」と、十五世紀半ばのフランスの画家アンゲラン・カルトンが描いた「アヴィニヨンのピエタ」（一四五五〜五六年ごろ）を比較するならば、両者の差異は一目瞭然である。ゴシックの絵では死んだキリストはまるで生きているようで悲惨さはなく、天使がその体を支えており、聖母も悲しみを表していず、ヨハネも瞑想に耽っている。黄金の地の上に起こっていることは、この世の死とは何の関係もない神の世界のことである。一方「アヴィニヨンのピエタ」では、聖母は悲哀のあまり顔面蒼白で、マグダラのマリアは一粒の涙を流し、ヨハネは深い憂愁に包まれ、そこには人間らしい感情が満ちあふれている。最も注目すべきは、画面の左端にいかにも存在感のある痣《あざ》のある俗人の姿が描かれていることである。これがこの絵を教会に寄進した世俗の人物の肖像である。金を持った世俗の人物が神の画面に入ってきたのである。

これは一例にすぎない。ジョットの名高いスクロヴェーニ礼拝堂は、パードヴァの質屋スクロヴェーニの罪滅ぼしのために寄進されたものであるし、古典ローマ建築の復興を告げたサンタ・クローチェ聖堂内のパッツィ家礼拝堂は、フィレンツェの大銀行家パッツィがアルベルティに建造させたものである。かつてなかったような新しい精神はまず芸術作品に現れ、しかも、その依頼者・メセナは教会聖職者や貴族ではなくブルジョアだったことが明らかになっている。十五世紀には、続々と宗教画の下端に登場するブルジョアの肖像をすべて挙げることはとうてい不可能になる。ブルジョアはこうして教会の中の礼拝堂を買い切り、寵愛する画家や彫刻家・建築家にその内部の装飾を任せ、次第にその装飾を一変させていった。ブルジョアが豊かな財産を蓄えた都市ほど、新しい美術が主流を占めていった。産業と金融業においてヨーロッパで最大の経済的繁栄を誇ったフィレンツェが、十五世紀に「ルネサンス」と呼ばれる新しい芸術を隆盛させたのはそのような事情によってであるが、それは規模の差はあれ、羊毛加工業において非常な富を蓄積したネーデルラント諸都市においても同様であった。

どうしてブルジョアたちが新しい芸術の保護者になったのか。きわめて簡潔にいえば、世襲貴族や教会が求めたものが、超人間的な栄光や、世界の変わらない姿の表現であったのに対して、ブルジョアは自分という人間が苦労して築き上げた富や自分自身の力量や才覚、そして自分の幸福な家族などを宣伝し、自分個人の名誉を記憶するために、高い金を出して芸術をつくらせたのである。したがって当然ながら彼は自分個人の顔・姿をリアルに描くことを欲し、家財や財宝、衣装の豪華絢爛な材質を描写することを欲し、自分が住む家や都市をリアルに描くことに価値を見いだしたのである。そのようなことを成し遂げるためには、どれも同じ姿のイエスや聖母を描いてきた中世的工房の職人ではなく、超絶技巧のリアリズムを持った絵描きとその技法が必要で、実際そのために、十五世紀ネーデルラントではヤン・ヴァン・アイクによって油彩画の技法が発明され、絵画の中心的な技巧もフレスコから油絵に変わっていったのである。水溶性の顔料で漆喰《しっくい》に描くフレスコ画は、塗り重ねがきかないために淡泊で均質な表面をつくる。これは日本画の持つ表面と同じである。しかもこの技法では建築空間の内部の壁面に描かれるので移動はできない。絵画は広大な建造物を所有する権力者のものとなる。これに反して油彩画は、油を溶剤として顔料を溶くので、乾燥したあとでいくらも塗り重ねがきき、色の塗り重ねによってのみ可能となる光沢や艶《つや》、反映や反射などの質感、光学的諸現象や色彩や光線の微妙な諧調を表現できる。つまりこの技法によって、ブルジョアがみる現世の価値が如実に表現できるようになったのである。しかも、油彩画の支持体は麻布か木材であるからその大きさにはおのずから限度があり、枠にはめて描かれるために本来移動可能である。この特質によって、油彩画はその所有主のところへ自由に持って行かれる。またその大小や粗密の度合いに従って価格が自由に設定でき、市場で売り買いもできる。まさしくブルジョアが所有したり売買したりすることのできる、新しい財産となったのである。

科学者レオナルド・ダ・ヴィンチがいかにフレスコ画を嫌い、新しい油彩画を好んだかはよく知られている。油彩の持つ近代的な記録効果のためである。一方、観念的な世界に固執したミケランジェロは絶対に油彩画を描かなかった。ミケランジェロは大銀行家のメディチ家に保護されて芸術家として育てられたのになぜそうなったか。それにはいくつかの理由があるが、この文脈で指摘しておかなければならないことは、メディチ家はフィレンツェの事実上の君主となってからは、そのブルジョア的な出身を捨て、世襲貴族のようにその世襲的君主権に固執したのである。したがって政権を掌握してから四代目のロレンツォの時代、すなわちミケランジェロの保護者の時代には、まったく世襲貴族と同様の世界観を持つようになっていたのである。ミケランジェロは、個人的にはメディチ家の君主政治に反対していたにもかかわらず、メディチ家のサークルを満たしていた新プラトン主義の思想と、中世的教会への復帰を訴えた宗教改革者サヴォナローラに心酔していたために、この世の現実ではなくむしろ観念的世界の表象を重んじたのであった。もっとも、ミケランジェロが主に活躍した十六世紀は、「新封建化」ともいわれるように近代絶対主義王政の勃興期に時代が突入しており、新たな社会的枠組みのなかで、初期絶対主義王朝の宮廷が有力なメセナとして興隆してきたために、芸術が再度変容する時期に当たっていた。また十六世紀のカトリック教会はルターらによる宗教改革のあおりを受け、美術による宗教宣伝のキャンペーンを開始し、そのために再び強力な芸術のメセナとなったという事情がある。そこでは、ルネサンスに開花した現実的・世俗的な要素が除去されていったのである。この時代をわれわれはもはやルネサンスとは呼ばない。ブルジョアが市民的な芸術を創造したその時代とは構造がまったく違ってしまったからである。この時代はマニエリスムと呼ばれている。

芸術の真の生産者はメセナである

以上に概観したように、通常ルネサンスと呼ばれている時代であっても、十四、五世紀と十六世紀では様相が異なっていることが明らかになった。しかもその変化は、芸術の主要な生産者がどの階層であったかということが最も決定的な因子になる。この場合、芸術の生産者とは芸術家のことではない。あるいは少なくとも芸術家のことだけではない。もちろん芸術家を包含してはいるが、その決定的な存在は芸術の委嘱者すなわちメセナである。メセナは今日では、芸術家の育成やその作業に金を出すが「口は出さない」人または団体のことだが、歴史的にはメセナとは、事実上芸術の生産者である。彼らは何をどのように描くかを決定した本人であり、画家はその意を受けて腕を振るったにすぎない。彼らは、自分たちが欲したときには芸術家を首にすることなど当たり前のことであった。芸術の生産は、芸術に金を出すことのできる階層にある者が、彼らにとって重要な意味を持つ目的を果たすために、その目的にかなった芸術家を選び、彼に制作させ、報酬と名誉を与えることによって行われていった。メディチ家は、家の栄光を神話化するためにベノッツォ・ゴッツォーリやボッティチェッリを選び、一族にまつわる歴史をギリシャ神話や聖書の史話の主題に表象させた。

現在もメディチ宮にある礼拝堂の、ゴッツォーリ作の「東方三王の行列」には、メディチ一族が東方の王の晴れ姿で描かれている。またボッティチェッリの有名な「春（仮題）」は、パッツィ家によって暗殺されたジュリアーノ・デ・メディチへの鎮魂の記憶である。さらに付加すれば、不朽の名作であるミケランジェロの「メディチ家の礼拝堂」の彫刻群もまた、後述するようにメディチ家の直系がすべて断たれてしまったあとの、若き公子らの死への挽歌であった。

とはいえ、これらの作品は今日に至るまでフィレンツェのルネサンスの黄金時代を現前させる文化として評価され、価値を与えられている。記録によれば、これらの作品は同時代人にとってもすでに伝説的なものとなって人口に膾炙《かいしゃ》し、メディチ家の栄光をいや増す役割を果たしていた。十六世紀に理想的な君主像を描き出したカスティリオーネはその『廷臣論』のなかで、理想的な君主の条件として、文武両道に秀で、人文主義的教養を持ち、芸術を保護奨励することを必須のものとして挙げている。一方、メディチ家の最初の大人物コジモは、自分の生命は短く、政敵は多く、メディチ家の支配の継続は疑わしいが、しかし自分がつくらせた教会や宮殿などの「文化」はフィレンツェの都市の続く限り不滅であり、その限りにおいて自分がこの町のために何をなしたかが記憶されるであろうと述べている。しかしながら、その芸術作品が不滅であるためには、施主は何としても「不滅の名声」を保ち続けるような天才を起用しなければならない。凡庸な画家に描かせた作品は評価されることもなく、その作品は時間という暴力的な破壊者の手を免れることができないであろう。万人から神のごとき人の作品として評価されるような作品であれば、それは永久に保存されるであろう。そこにこそ、フィレンツェにおいて天才が輩出した原因がある。なぜならば、権力者は争って天才に作品を委嘱しただけではなく、天才が自分以外の者に作品を提供しないようにまるで肉親のように彼らと親交を結んだからである。コジモは彫刻家ドナテッロを異様に寵愛し、自分が死ぬときにこの不器用な天才が食うに困らぬように農園を贈った。また彼が死んだときには自分と同じ墓に埋葬するようにとまで配慮したのであった。もっともドナテッロは農園を管理することに疲れ果て、農奴を支配するくらいなら乞食になるほうがいいと嘆いたので、コジモの息子ピエロが銀行に口座をつくってやり、いつでも現金を引き出せるようにしてやったということである。

実際に、ドナテッロはいくつかの美術史上に残る傑作をメディチ家のために制作した。現在バルジェッロ美術館にあるブロンズの「ダヴィデ」像とヴェッキオ宮殿にある「ユーディット」像である。前者は、おそらく彫刻の歴史のなかでも最も繊細な美少年をかたどっており、メディチ家の宮殿の中庭に置かれ、コジモの孫ロレンツォが結婚の祝宴をしたときにその宴を飾っていた。後者は入り口の控えの間に安置されていたが、一四九四年に反メディチ家の民衆の暴動が起こり、この宮殿の財宝が略奪され紋章が破

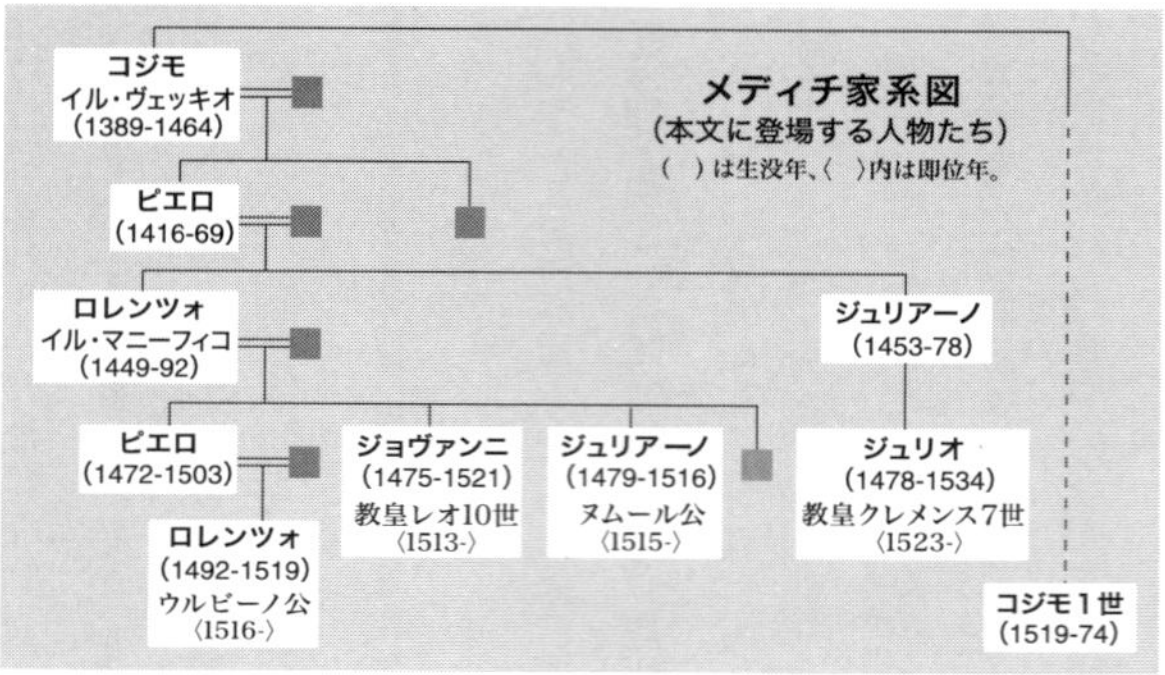

壊されたときにヴェッキオ宮殿に持ち去られて、メディチ家の所有から市民の所有へと代わった。メディチ家の形跡を破壊した民衆がこの二つの像を破壊しなかったのは、それがこの町の誇る天才の手になるものだったからである。また、この二つの像の表象するものが古来フィレンツェ市民の共有する都市的エンブレムであったということも大きな理由であった。旧約聖書の英雄ダヴィデは幼い少年でありながら、強大な敵ゴリアテに勝利した。聖書外典の伝えるユーディットは女性でありながら、獰猛《どうもう》な敵将ホロフェルネスを倒した。ここから小国自治都市国家フィレンツェは、周囲をとり巻く封建諸侯、のちにはフランス王や教皇から自国を守るためのエンブレムとして、この二者を自己表象としていたのである。

　逆にいえば、メディチ家は独裁的な権力に対して基本的に反対の立場をとるフィレンツェ市民の心性を利用して、実際には独裁政治を行いながら常に「民衆の友」という政治的身振りをとり続けていた。そのために、コジモはドナテッロに命じて民衆の心性の表象である「ダヴィデ」と「ユーディット」をつくらせたのである。したがって一四九四年にメディチ家がフランス軍の侵攻を恐れて逃げ出したときに、民衆は怒りのあまり宮殿を襲撃し、この像を「奪還」して自分たちの政庁に持ち帰ったのであった。

メディチ家が逃げ出したあとにサヴォナローラが「神聖政治」を行ったが、彼が教皇アレクサンデル六世によって異端の罪で処刑されたあと、穏健な共和政派のピエロ・ソデリーニが長官になり、一五〇三年にミケランジェロに改めて巨大な「ダヴィデ」を委嘱した挿話はあまりにも有名である。勃興する絶対主義王権どうしの国際的なイタリア割譲戦争を前にして、弱小な自治都市国家の命運は風前の灯火であり、歴史はフィレンツェの共和政が最終段階を迎えていたことを示しているが、ミケランジェロはその共和主義的な政治姿勢を示すためにこの傑作「ダヴィデ」をつくった。メディチ家の中庭に置くためにつくられたドナテッロのダヴィデの、優雅繊細な美少年のけだるい勝利の憩いとはまったく違って、ミケランジェロのダヴィデは肉体のエネルギーをため込んだ巨大なアスリートの姿である。その顔には憤怒

ドナテッロ（1386〜1466）作の「ダヴィデ」。小国自治都市国家フィレンツェの市民の自己表象ともなった。（バルジェッロ美術館蔵）
写真提供　オリオンプレス

が刻印され、ゴリアテの首はない。戦争はまだ始まっていない。彼は敵を待ち受ける緊張のさなかにある。

二つの「ダヴィデ」の相違は、むろん二人の天才の資質の相違にもよるが、何にもましてこの二つの作品が、だれによって、いかなる目的で、だれに向けてつくられたかにかかっている。最初のものはメディチ家によって、その宮殿の中庭のために、館を訪れる大市民や貴族の客をもてなすために、彼らに向かって「メディチ家は芸術の鑑識眼があり、しかもよく市民的精神を理解しており、美徳を重んじる紳士だ」ということを誇示するために制作された。ゴリアテの首を切ったあとの優雅な勝利の憩いの姿には、メディチ一族の黄金時代の心性が表象されていた。エロチックなまでのその裸身の身のこなしには貴族的で耽美的な趣味がある。

しかし、スペイン、フランス、教皇庁の脅威を目前にした最後の共和政政府の委嘱にかかるミケランジェロの「ダヴィデ」像には、不気味な硬直、あまりの緊張、アンバランスな姿勢が見て取れる。勝利ではなく危機感を前面に出した「ダヴィデ」は、非常に特異な作品といわなければならない。その原因は、この像が大戦争を前にした市民の精神を鼓舞する目的で共和政政府によって委嘱されたものだという点にある。むろん芸術そのものはミケランジェロの芸術家としての精神と技能によって創造された。そしてこの両者は切り離すことができないものである。ドナテッロとミケランジェロの資質といわれるものも、彼らが生きたその時代状況が生み出したものだとも考えられる。平和な黄金時代はミケランジェロを生み出さなかったであろうし、危機の時代はドナテッロに制作の機会を与えなかったであろう。歴史に残る傑作を生み出したのは施主と芸術家からなる群像であって、決して旧来の「巨匠の歴史」が語るように、偉大な天才が単独で事をなしたのではない。むしろ、巨匠や天才を生み育てたのはメセナである。

残るのは芸術である

メセナは天才を選び、親交を結んだばかりでなく、天才を早期に発見しこれを養育することにも熱心だった。その最も有名な例が先述のロレンツォとミケランジェロの関係である。このほかに、コジモ一世とヴァザーリの例も挙げることができるだろう。そして後者の場合には、ヴァザーリはコジモ一世のために芸術ではなく不朽の名著『芸術家列伝』を献呈した。世界中の研究者がいまも参照しないではいられないこの著書に記録されたことで、コジモ一世は永久に優れた芸術保護者であり続けることができている。

少年ミケランジェロの「発見」は、メディチ家の庭園に置かれた古代彫刻のコレクションを模刻してい

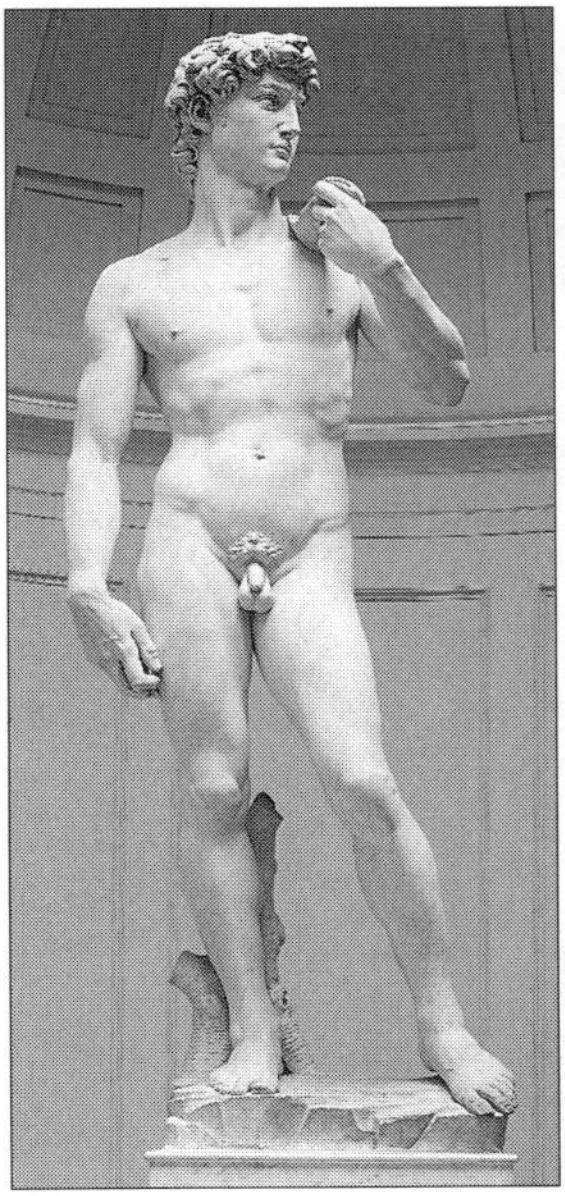

ミケランジェロ（1475〜1564）作の「ダヴィデ」は，危機感が前面に出された特異な作品である。（アカデミア美術館蔵）
写真提供　サンセット

る少年をロレンツォが認識したときに起こった。ロレンツォはこの少年を自分の館に連れていって育てることにした。古い貴族の出であることを誇っていたミケランジェロの父親は、薬屋かあるいは金貸し出身のメディチ家を尊敬しなかったのか、または息子が職人家臣となることを恥じたのか、自分の息子がロレンツォの息子と同じ食卓で食事をするという条件でこれを許した。そこでミケランジェロは、ロレンツォの次男でのちの教皇レオ十世、甥でのちの教皇クレメンス七世らと一緒に食事をし、同じ教育をつけてもらって育った。メセナとの身分的、精神的対等。そのことがミケランジェロの職人的態度を一変させた。職人から「芸術家」への変化は、このミケランジェロが歴史上成し遂げた変革である。

しかし、そのことはさまざまな軋轢《あつれき》をミケランジェロとメセナのあいだに引き起こしたので、ミケランジェロの生涯は非常に煩《わずら》わしいトラブルの連続になった。結局、メセナすなわち職と金を出す者は、身分も権力も芸術家の上にあったのだ。したがって、一見対等にみえる親交も、実態としては、メセナは権力を行使する側であり芸術家は行使される使用人で、その力関係はきわめて明瞭であった。高い家門の出であるという矜持《きょうじ》と高い教養を持ったミケランジェロにとってはその権力関係が耐えがたいものになり、そのためにパトロンの教皇ユリウス二世とも、クレメンス七世とも軋轢を起こした。最後のパトロン、「最後の審判」を描かせた教皇パウルス三世は全面的にミケランジェロに心服した態度をとったために、彼はうまくこの大作を完成させることができた。それでも一度は彼はフィレンツェに逃げ帰っている。

ミケランジェロの態度は常に両義的であった。まず第一に、彼一人に生計を依存している没落した家族のために彼には金が必要だった。第二に、彼は高額の費用を必要とする大理石の記念彫刻を自分のライフワークとしていた。彼が自分の望む報酬を得て、自分の望む形式で芸術作品を制作するには大きな資本が必要であり、その要求を満たすのはメディチ家のような豪族か教皇のような権力者であった。しかも彼は熱烈な共和政支持者であり、メディチ家の独裁政治を憎悪し、その門閥から出た不道徳な教皇を嫌悪していた。この齟齬（そご）は当然のように彼のなかに葛藤を起こし、その態度を難解で両義的なものにした。何にもまして、その両義性は作品に刻印された。評論家の一致した見解では、彼の作品は「ダヴィデ」までは意味が明快である。しかし、システィーナ礼拝堂の天井画になると、まだ意味の解読についての定説もない。それ以降になるともはや複雑怪奇である。

先にも挙げた、フィレンツェのサン・ロレンツォ聖堂の新聖具室を改造した「メディチ家の礼拝堂」は、さまざまな点で複雑な作品である。この作品を委嘱したのは、先に述べた、ロレンツォの甥で暗殺されたジュリアーノの庶子クレメンス七世と、ロレンツォの次男レオ十世であった。多くの試行や断絶の結果一五三四年ごろに完成したこの作品は、芸術性の高さにおいてフィレンツェのみならず西欧彫刻の最大傑作の一つである。一五一六年と一九年に相次いでメディチ家の正統の血を引く男子が二人死亡し、ついにその血統が絶えたことを悼むというのが、二人のメディチ家出身の教皇による廟墓建造の目的である。ロレンツォはイル・マニーフィコ（豪華公）と呼ばれ最盛期を築いた人物であるが、その長子ピエロが跡目を継ぎ、次男ジョヴァンニがレオ十世になった。ピエロの子であるロレンツォ（ウルビーノ公）は一五一九年に男子を残さずに死んだ。ロレンツォの三男ジュリアーノ（ヌムール公）もまた、一五一六年に嫡子を残さずに死んだのである。最盛期を築いたロレンツォの血統は、次男を教皇にしたことも一因となって絶滅した。その結果、家系は結局傍系に引き渡されることになるが、正嫡庶で入り乱れての（なかには教皇の庶子もいる）このごたごたした血統話は、家父長制の愚を明らかにするには格好の話題だが、本論の関心外である。

ともかく、二人の教皇にはウルビーノ公とヌムール公を哀悼し記念する十分な理由があったが、委嘱されたミケランジェロにはそれはなかったように思われる。彼は十数年にわたってその完成を遅らせ、中断させている。そのうえ一五二九年に、教皇庁の一時的衰弱をねらってフィレンツェ市民が最後の共和政擁護のために都市を閉鎖して蜂起し、史上最も英雄的とされる戦闘のあとで教皇軍が共和派を逮捕し処刑したとき、共和派の都市防衛長官となっていたミケランジェロもまた処刑を恐れて隠れていたが、クレメンス七世が彼を引き出し、廟を完成させる代わりにその命を救うという約束をした。そういうわけで、この二つの棺を中心に構成された彫刻群「暁」「真昼」「黄昏」「夜」の寓意像とその周囲に満ちる深く沈痛な憂愁は、血統を絶やした委嘱者の心性を表現している以上に、自分の敵のために制作するミケランジェロの痛恨を表現しているのである。ジュリアーノが生前の顔にまったく似ていないと言われたとき、ミケランジェロは「五〇〇年たったらだれが彼の顔など覚えているものか」と言ったとヴァザーリは伝えている。それから五〇〇年がたち、われわれはミケランジェロの傑作のことは知っているが、ジュリアーノがだれであったかということさえ知らない。

バリ島観光開発からの問い

永渕　康之

経済危機と政治危機、二重の苦しみを背負わされたインドネシアのなかにあって、バリ観光の状況も厳しい。この島をあれだけひいきにしてきた日本人の姿が少なくなることを、バリの観光関係者も寂しい思いをして見つめている。たとえジャカルタで暴動が起ころうとも、われわれの島は安全だし、かつてと変わらないことを日本に伝えてほしいとバリの友人からはいわれた。確かに、中国系の人々がジャワからバリに逃げ込むのは、この島が安全だと思っているからなのだろう。バリの人々も、危険地帯というレッテルが観光産業にいかに致命的に働くかはよく心得ている。だとしても、旅行者にとってみれば二重の苦しみは明らかだし、少しでも危険の匂いがあればわざわざ観光で訪れようとは思わない。バリだけが安全だと観光客を説得するのは難しい。バリ観光にとって、インドネシア国家をとりまく現在の情勢は明らかに重荷となっている。

観光とは、多大な経済的効果を期待され、実際にその期待にこたえる利潤を生み出す産業だとバリで

はみなされてきた。しかしその一方で、観光客側が観光対象に抱くイメージに深く依存しなければならないところに、この産業の根底的なもろさがある。そのもろさを突きつけられているのが現在のバリ観光だろう。観光とはまさに夢の産業なのであり、その夢は常に維持され、再生産されなければならない。バリにあってその夢をこれまで支えてきたのが文化であった。「芸術の島」「神々の島」として繰り返されるキャッチフレーズが語っているように、文化がこの島を世界的に著名にしたのである。美しく荘厳な火葬儀礼を映し出し、供物を前に祈りをささげる女性にフォーカスを合わせることで、メディアはバリの人々が伝統文化に忠実に生きていると幾度も伝えてきた。

国家は観光イメージにとって現時点では重荷だとしても、国家主導で進められた巨大な観光開発が、結果的には文化を組み込んだバリ観光を成功に導いた。その象徴がヌサ・ドゥア地区の開発である。初代スカルノ大統領（一九四五〜六七年在職）はバリ文化を高く評価し、観光事業の重要性を認識していたにもかかわらず、経済状況はバリ観光の実質的な発展を許さなかった。その後スハルト大統領が就任した直後に計画が持ち上がり、一九八〇年代に実質的な運用が始まったのがヌサ・ドゥア地区であった。海外資本が積極的に導入され、ヒルトンやシェラトンといった大手のホテルがここに建ち並んだ。APEC（アジア太平洋経済協力会議）をはじめとした最大級の国際会議の開催も可能となった。大型旅客機による大衆的な海外旅行の時代と並行してバリ観光が発展しえたのは、ヌサ・ドゥア開発が用意した宿泊能力のおかげである。

開発される以前のこの地域を知る人間にとって、巨大リゾートの出現はまさに驚きであった。ヌサ・ドゥアは、わずかに尻尾をのぞかせるように突き出したバリの南端に位置している。ここは恵みをもたらす川の流れから見放された僻地《へきち》であり、バリ人が住む村も少ない。実際、低い木が立ち並ぶだけの乾燥した地肌が続き、田畑はどこにもなかった。その何もない空間が開発され、巨大リゾートとして生まれ変わったのである。電気や水道など、ホテル産業を支える下部構造の整備から始まったこの地区の開発には、国家主導の集中的な資本投下が不可欠であった。そして、わざわざ僻地を開発し、そこに多数のホテルを集中させた背後には、観光と文化の関係への配慮があった。つまり、田園が広がり、次々と村々が連なり、寺院が点在する地域にホテルをつくるのではなく、そこから隔絶した僻地に観光客を隔離することで、バリ人の生活に観光の影響が直接及ぶことを回避しようとしたのである。

マスター・プランからは締め出され、置き去りにされる格好となったバリ社会の内部でも、建設作業が進むとともに観光に関する議論が重ねられた。一地域にホテルを集中させることは、バリ社会への観光利益の還元を妨げるという意見も出された。しかし結局ヌサ・ドゥア計画は容認され、その一方でバリ社会の側は観光と文化に関する独自の考え方を提議した。それが「文化観光」という標語で示される立場である。文化と観光の両立をはかる点でマスター・プランとこの標語は同じ立場に立つとしても、観光はバリ社会の発展のためにこそあり、文化は観光の単なる対象ではないことを確認することに、標語の力点があった。標語をわざわざバリ社会の側が提議したのは、国家に対して発言力を確保する意味もあった。

こうして国家主導の大規模な観光開発は、地域社会の合意を得て、しかも観光客の隔離をはかることで文化と観光の調和という大きな課題を解決し、一定の成功を収めたといえるだろう。とはいえこの成功は、たとえ観光による社会の発展がうたわれようとも、バリ文化が開発の対象か保存かという二者択一のなかに押し込められ、そこから逃れることがもはや難しくなった事実を同時に意味している。つまり、文化は政治と資本の操作対象となることを運命づけられたのである。とすれば、二者択一に陥るこ

ヌサ・ドゥア地区のショッピングセンターで闘鶏を見せているバリ人。彼らは決められた時間この姿勢を保ち，それを通りがかりの観光客が眺める。闘鶏はバリでは禁止されているが，観光客が望む姿としてこのように再現されている。
写真提供　筆者（以下同）

とのない観光と文化の関係のまた別の可能性を考えることはできないのだろうか。それを探るためには、バリ文化の認識そのものを左右した、バリ観光の系譜をたどる必要があるだろう。

帝国の観光地――原点としてのパッケージ・ツアー

スハルト時代にバリが観光開発の対象となったのは、第二次大戦前から観光地として世界に知られていたためである。日本軍が到来するまで、バリは他のインドネシアの社会とともにオランダの植民地であった。宗主国オランダはバタビア(現ジャカルタ)に植民地政府をおき、帝国を形成したのである。バリの観光開発に着手したのは、そのオランダ植民地政府であった。政府と密接な関係にあった王立郵船会社が、第一次大戦後の一九二〇年代、再びブームとなった豪華客船による世界旅行に植民地領土の島々を組み込もうと、観光客のための定期航路を開設した。その寄港地の一つとなったことで、バリの組織的な観光開発が始まった。郵船会社はホテルをつくり、観光ルートを定めて、島内部の観光事業を整備した。バリ観光は細部まで管理されたパッケージ・ツアーとして始まったのである。

ツアーに参加できるのは、時間のかかる長い船旅と高い経費をいとわない富裕階層の人たちであった。彼らのバリ行きを支えた動機は、まず何よりもエキゾティシズムであった。観光開発が進められた同じ時期、バリ人の生活や風景を大胆に写し出した写真集、バリを舞台にした映画、そして『ナショナル・ジオグラフィック』誌の記事などが相次いで登場し、それらが欧米の金持ちたちの異国趣味を刺激した。

さらにそこに、第一次大戦後の欧米の精神史を特徴づける「未開主義」が加わった。文明は決定的に崩壊し、失われてしまった何かは未開のなかに生き続けている――こう考える未開への憧れは、欧米では喪失した精神性の探求であった。バリは、この未開主義ブームにこたえる格好の受け皿でもあった。

パッケージ・ツアーとして開発された最も大きな意味は、見所が一方的に設定されたことだろう。どこを見てよいかわからない観光客に訪問すべき場所を教え、ガイドブックはその場所を見学する価値を説明した。バリ観光では、火口を馬に乗って回ったり、田園を眺めたりといった自然を楽しむポイントとともに、寺院や芸能そしてバリ人の生活風景といった文化的な次元が、明確に見所として組み込まれた。実はそれによってバリ文化の姿が可視化され、バリ文化とは何かが浮かび上がったのである。ここで重要なのは、文化の姿は見所が設定される以前に本質的に存在したわけではないことであり、しかもどこをどのような視点で見るかという選択のなかに、見所の設定者の意図が、観光客の動機を理解したうえで導入された点である。帝国の事業の一部として始まったバリ観光における見所は、もちろんバリ人ではなく、支配者であるオランダ人が欧米の観光客相手に定めたものであった。

当時のバリ観光では、ルート全体が伝統文化巡礼コースとも呼べる構図となっていたことが、設定者の意図を際立たせている。当時、植民地行政の中心であったシンガラジャが定期観光船の寄港地であった。この町は、バリ北部に勢力を広げていたブレレンと呼ばれる王国の王宮所在地であった。バリ南部の諸王国にさきがけてこの王国はオランダ軍の攻撃を受け、十九世紀の終わりにはいち早く統治下に下った。その後バリ南部に統治を広げた政府は、デンパサールを南部地域の中心に置いた。そして、シンガラジャとデンパサールを結ぶ南北に走る二つの道路が観光ルートの骨格となった。

二本の道路を行き帰りで使い分けながらシンガラジャとデンパサールを往復することが伝統文化巡礼といえるのは、二つの都市に与えられた対照的な位置づけにあった。早くからオランダ政府が開いた町として、シンガラジャはバリと近代世界との接点であった。それに対して、バリの伝統文化を伝えるのはデンパサールを中心としたバリ南部とみなされた。そこで、このデンパサールに当時唯一のヨーロッパスタイルのホテルが建設され、そこが観光客の最終目的地となった。そして、このホテルからバリ文化を享受できる仕組みになっていた。夜になるとテラスではバリ人による芸能が上演され、またホテルから歩いて行ける距離にバリ文化を展示する博物館が建設された。展示品はバリ人の文化と歴史を語り、バリ建築を再現した博物館自体が、バリ人の生活を観光客が体験する場を提供した。こうして、シンガラジャという近代との接点を出発してバリ文化の奥座敷へと進み、その中心であるデンパサールでバリ文化の真髄に触れ、再びシンガラジャに戻って乗船し、近代へと帰還するという旅の構図ができあがったのである。

文化と統治――見所に込められた思想

見所を設定する植民地政府側の視点には、観光客の抱くエキゾティシズムや未開主義に伝統文化巡礼によってこたえる、というだけでは説明できない政治的配慮が潜んでいた。植民地政府にとって一九二〇年代は難しい時代であった。十九世紀末から続けられてきた、武力を伴う植民地領土の獲得は、最も着手が遅かったバリ島の占領も終わり、一応の達成をみていた。しかし、拡大した広大な領土における合理的な統治体制の確立、という新たな仕事に政府は取り組まなければならなかった。同時に、植民地政府のお膝下であったジャワでは、ナショナリズムを掲げた反植民地運動が激しい高まりをみせ、二〇年代後半には、武力弾圧や強制逮捕による運動の取締りといった強硬策に出ざるをえないほど事態は進展していた。

そうした状況のなかで、バリという新領土の文化は植民地政府にとって特別な意味を持っていた。決定的に重要だったのは、植民地政府側がバリ文化の基盤としてヒンドゥー文化を重視したことにあった。反植民地運動の拡大に重要な役割を果たしたイスラムに対して、ヒンドゥー文化を基盤としているからこそイスラムの影響を受けないバリは、反植民地勢力が拡大するおそれのない安全地帯であるとみなされた。しかも、ジャワから東へと運動が拡大する経路となるイスラムのつながりを遮断する、政治的に好都合な文化的な壁となることをバリは期待されていた。

さらにいえば、政治的配慮さえも超えてヒンドゥー文化それ自体が、植民地政府にとっては根本的な重要性を持っていた。仏教も含めてインド渡来のものを意味したヒンドゥー文化は、統治の正統性を支える根拠の一つだったのである。遠く海を渡ってこのアジアの土地にやってきたオランダ人にとって、自らが正統な統治者であることを内外に示すことはきわめて困難な課題であった。ヒンドゥー文化をめぐる歴史観とそれを具体的に証明する考古学的な発掘が、その課題にこたえたのであった。

歴史の解明とは歴史の征服である。かつてヒンドゥー王国が栄え、拡大するイスラム勢力の前にそれが滅び去り、現在のイスラム的なジャワとなったという歴史観が、統治の過程で生み出された。そして、偉大なヒンドゥー王国の末裔として植民地政府は自らを位置づけたのである。確かに、ヒンドゥー王国とオランダ植民地政府のあいだに直接的なつながりはまったくない。しかし、例えばだれも顧みることなく放棄されたままになっていた八、九世紀のボロブドゥールの遺跡を前に考古学の技術を鍛え上げ、発掘に励んだのは、学術的な営みであると同時に、壮大なる遺跡を征服してそこに君臨し、偉大な過去の王国の継承者として自らの存在を誇示することを意味したのである。誇るべき祖先に敬意を示さない原住民は、たとえ彼らがその祖先の血のつながった子孫だとしても、その偉大さを放棄せざるをえなかった退化した人々なのであり、過去を再現してその姿を理解できるオランダ人こそ彼らを統治する権利を有する、という論理も生じた。

こうした考え方を抱くオランダ人には、バリ文化はかけがえのない文明とうつった。最後のヒンドゥー王朝であるマジャパヒト王国(十三〜十六世紀)の末裔がバリ人であるとみなしたのである。バリ人たちが抱いていた自らをマジャパヒトの子孫ととらえる意識や、火葬をはじめとしたヒンドゥー的な儀礼行為に、オランダの研究者たちは光を当てた。バリ人は過去を放棄することなく、ましてやイスラム化などとは無縁の高い文明の継承者であるとオランダ人たちは信じ込むことができたのである。

具体的な証拠がその確信をさらに深めた。マジャパヒト王国のありさまを伝える文書が、一八九四年、バリ島の東隣ロンボク島にあったバリ人の王宮をオランダ軍が武力制圧したおりに発見された。しかも、ヤシの葉に残された古いジャワ語で書かれた文書の内容が解明されるにつれて、この王国の領域がまさにオランダ政府が支配を広げた領土とほぼ重なり合うことが明らかになった。この事実は、植民地政府の統治の正統性が歴史的に証明されたことを意味した。こうして一九二〇年代までに、ヒンドゥー王朝時代を黄金期と位置づけるオランダ領東インドの歴史が体系化されていった。バリ人は黄金時代を現在に再現する生きた証人たちであり、バリでは考古学者のみならず植民地行政官までもが遺跡の発掘に熱狂したのである。

こうして観光開発が始まった一九二〇年代、バリ文化への関心は深まり、文化保護政策が具体的に開始された。バリ語やバリの伝統工芸が教育科目に導入され、また植民地政府の政治式典の舞台としてわざわざバリ人の寺院が利用された。そして、観光の見所にも遺跡やヒンドゥー寺院が組み込まれた。文化を見所に加えることは、政府にとってさらに好都合な効果を期待できた。文化を破壊することなく植民地開発を進めるよき統治者という印象を観光客に与えることもできたのである。植民地政府にとって観光は、自らが解読したバリ文化の姿を明示し、その上に立つ自らの存在を対外的に宣伝する格好の装置であった。

バリのモダニズム——観光がもたらした反応

文化と統治が鮮明な関係を結ぶなかで開発が進んだバリ観光は、植民地の人々にさまざまな反応を呼んだ。植民地政府の現地人官吏となった人々の多くは、自分たちの文化を賞賛する白人の態度を歓迎した。郵船会社に儀礼の期日を伝えて観光客への便宜をはかり、なかには自らが主催する親族の儀礼を観光客に公開する人たちもいた。彼らにとってみれば、白人が見学に来ることが、自らの地位を示すことにもなったのである。一方、ナショナリズムに呼応し、その思想に共鳴する人々はバリのなかにもいた。オランダ政府の教育機関で学び、多くは教師として学校で教えていた彼らは、警察の監視下におかれるなかで表立った政治行動はとれなかったものの、雑誌を刊行して政府になびく人々を非難した。同時に彼らは、政府の文化保護政策を、バリ人を近代世界から遠ざけて伝統文化に化石化する愚民化政策であると非難し、外国人の快楽のためにバリ人が見世物になる観光に否定的であった。

植民地政府の統治の正統性を証拠立てた歴史観は、政府の意図とはまったく逆の意味でナショナリストに歓迎された。体系化された歴史を叙述する学校の教科書に掲載されたマジャパヒト王国の版図を目にした彼らは、そこに植民地支配を受ける以前の「われわれ」の領土を見いだし、偉大な祖先を改めて発見したのである。新たに形成されつつあった「インドネシア人」にとって歴史観は、植民地支配に対抗する武器となったのである。歴史観を客観的な知識として受けとめたナショナリストたちは、歴史観を成立させた過去の解読という作業のうちに潜むオランダ側の意図と、解読の資料となった文書が発見されるにいたる略奪や武力制圧に満ちた経緯を考慮することはなかった。知識の客観性の裏に権力と知の関係は消失し、かわってマジャパヒトの延長としてインドネシアを位置づける伝統主義が成立することになったのである。

絵画や小物などのみやげ物は，外国人の好むモチーフを盛り込みながら，バリ「文化」のイメージを生産し続けている。

知識人の思想とは別の次元で、観光は文化保護政策の虚を突くような思われざる結果を生んでいた。車に乗り、見所を回り、運がよければ儀礼に出くわし、バリ文化を享受する金持ちの外国人たちは、バリ人にとっては憧れの西洋に少しでも近づく好奇の対象であった。彼らの立ち寄るところにバリ人たちは群がった。また、外国人と接する機会を持つ車の運転手たちは人気者であった。彼らはまた、シンガラジャに入ったジャワからの情報をバリ南部に伝える重要な担い手でもあった。世界の最新情報は何か、ジャワではどんな動きが起こり、何が流行《はや》っているのか、彼らはそれをバリ中に伝えた。皮肉なことに、観光客にとっての伝統文化巡礼コースはバリ人にとってはモダニズムへの回路なのであり、新時代を開く扉だったのである。その扉から見える世界に呼応して、新たな芸能形式や楽器が生み出され、大流行した。植民地政府によって文化保護政策がしかれた時代は、同時にバリ人にとって新たな文化形式が創造された時代なのであった。文化の保護と創造というまったく対極的な状況を、当時の観光は生み出していたのである。

観光客に対するみやげ物にもまた、観光が開いた近代に臨む売り手の意識がうかがえる。観光客がバリを訪れるようになった当初から、特に観光ルート沿いに住んでいた人たちはみやげ物を売ることに積極的であった。税金はオランダ政府が用いる貨幣によって支払わなければならず、外国人相手の商売は直接この貨幣を得る絶好の機会であった。最初は木工などの工芸品が売られ、のちにそこに絵画も加わった。

多くの観光客は、こうした工芸品や絵画をバリ人がバリ人のためにつくっているものだと受けとめた。しかし、実際にはその大半は、バリ社会の内部には従来なかった新たな表象であった。しかもそこには、西洋人の視線を静かに読み込む製作者たちのしたたかな態度が隠れていた。つまり、西洋人が好むモチーフをバリ人が模倣し、それをみやげ物のなかに再現して西洋人に売ったのである。繊細で細身の木工品や水浴や寺院の場面を描いた絵画が、そうした配慮から生まれた。皮肉なことに、こうした新しい品々が伝統的なバリ的なるものとして観光客に受け入れられたのである。バリ人たちは観光という資本主義の現場に敏感に反応し、そのなかで西洋人の視線を厳しく計算しながら何が売れるかをはじき出し、その結果創造されたものが、当時の観光客が手にしたバリ的なるものだったのである。

開発と保存のはざまから——文化の操作性をめぐる力関係の相対化に向けて

これまでみてきたように、バリ観光の系譜において文化とは、昔から変わらぬ伝統でも全体的な生活様式でもなかった。文化は操作可能なものであり、恣意的に設定されたものであった。見所を訪れる観光客の意識のなかで、結果的に文化の姿は、元来そうであったような自然の本質となりかわるのである。そして、文化の操作可能性には明確な権力関係が介在し、文化と統治の関係は際立っていた。特に帝国の観光地として始まり、支配する側／される側の関係が観光する側／される側の関係と同義であったバリ観光には、この力関係がはっきりと埋め込まれているのである。

一方、支配する側が望む文化の姿が一方的に勝利したわけではなかった。観光客とともにもたらされた世界は、望まれた文化の姿から大きく逸脱する新たな文化創造を生み出し、支配される側のモダニズムを喚起した。さらには、観光とともに「文化が売れる」という資本主義の原理に、支配される側の人々もまた気づき、儲けるために文化を操作する可能性を彼らも積極的に利用したのである。文化の操作可能性は観光によって、支配する側とされる側両者に開かれたのである。

植民地支配を打倒し独立を果たした国家においても、文化と統治の関係は継承されている。先述したヌサ・ドゥア開発が示すように、インドネシア国家がバリ観光を主導しているのである。文化観光を標榜することで国家と距離をおいたバリ地方政府も、その後は国家の一機関として観光政策に臨んでいる。確かに、伝統文化の中心であったデンパサールは行政機構の中心となって伝統文化巡礼は消滅し、また植民地国家と国民国家のあいだで歴史観の解釈は対照的ではある。しかし、かつての帝国の観光地が現在の国家の観光地となったことは明らかである。

文化に正統性を求める政治主体は、文化の保護者として振る舞う。文化をめぐる植民地国家と国民国家の連続性があらわれるのはこの点である。現在の観光政策は、本物と商品化された文化を峻別し、前者の価値を保護育成することに力を入れている。本物の文化を実在として認定するとき、文化が操作可能であるという見方は消える。しかし、この見方は一九二〇年代のモダニズムと同じように、観光の現場では生きている。商品価値を求めて新たな形式と意匠に満ちたみやげ物が生産され続けているのである。

本物の文化への統治者の意志を最も明らかに示すのは、文化観光を表明する際バリ文化の中核と定義された、宗教をめぐる運動である。植民地政府がいち早く注目したように、取り囲むイスラムとの違いを際立たせ、バリ的なるものを特徴づける決定的な指標が、ヒンドゥーという宗教意識であった。インドネシア国家に組み込まれて以後、この意識は制度化され、強化されていった。一九六〇年代になるまでに、政府が設置した宗教省のなかでヒンドゥーが公認され、同時に地方行政機構の再編によってバリ島が州として独立することが明らかになった。この時点で領土（バリ島）、政治主体（州地方政府）、文化（ヒンドゥー）の三位一体が成立し、宗教意識を基盤にしたバリ人の民族性が自明な存在として浮上することとなった。そ

みやげ物屋には商品価値を求めて新たな形式と意匠があふれている。

して一九六五年、ジャカルタでのクーデター未遂事件をきっかけにして共産党関係者の虐殺事件が起こり、党勢力が拡大していたバリではインドネシアでも最大級の殺戮《さつりく》が繰り広げられたのだが、その恐怖は共産主義＝無宗教というレッテルへの過剰な反応を呼び、国家公認宗教であるヒンドゥーへの帰属意識を増幅させる結果となった。

さらには、ヒンドゥー教徒の総本山としての地位を与えられたブサキ寺院を中心として、一九六〇年代からヒンドゥー教のバリ人全員の参加を原則とする大規模な儀礼が始まった。一連の儀礼において顕著になる特徴は先の三位一体であった。儀礼執行主体は州政府であり、上からの動員によって資金と労働力が調達され、儀礼の中心にあって聖なる表象を頭上に戴いたのは州知事であった。国家公認のヒンドゥー教代表機関に所属する司祭たちが、植民地時代と同様の手続きで文書を解読し、それをもとに儀礼の細目を決定し、実際の儀礼行為を指揮した。こうしていまや華麗な儀礼を行ったかつての王国が、知事を王として再来したかのような様相を呈しているのである。

しかし、いかに伝統的な装いを帯びようとも、再現された王国はまったく新たに創出された文化的実践であった。複数の王国が並立していたバリにおいてすべての王国を統合する寺院はなかったのであり、ブサキ寺院がバリ全土を代表するという考え方は植民地時代に生まれたものなのである。

このような現実はバリにとどまるものではない。文化の操作可能性を利用し、政治主体が文化に正統性を求めるために、世俗的な近代世界のあちこちで伝統が創造されるという逆説が生まれているのである。しかも、文化はわれわれの心の内部にあるという認識が受け入れられることで、文化への愛はその背後に潜む政治主体に従順を誓う自己規律となる。個人の祈りを儀礼として伝統行事に囲い込むことが政治主体にとって重要な戦略となるのはそのためである。伝統として自然化された文化の背後に入り込み、それに従う自己規律を誘い出せる概念だからこそ、植民地国家か国民国家かを問わず、近代の政治主体は文化をこぞって重視するのである。そして、伝統文化の恣意性と政治主体の歴史性を露呈させてしまうために、出発点であった文化の操作可能性は決定的な秘密として隠蔽されるのである。本物の文化に真正な実在性を与えることが、この秘密をかろうじて封印する方法であった。そして本物の文化の存在を前提にするからこそ、観光における文化の役割をめぐって、開発の対象か保存かという二者択一の議論が生じるのである。

バリ観光の系譜が物語っているのは、政治主体を中心にして文化を操作する力関係が固定化されてきた歴史である。植民地時代以来、文化をめぐる力関係は世界に不均衡な形で配分されているのである。観光と文化の関係を問い直す意味とは、文化の操作をめぐる力関係を相対化し、柔軟に再組織化する可能性にある。資本主義という外部を本物の文化によって守られた世界に導入する観光という場は、モダニズムやみやげ物をめぐる想像力がそうであったように、文化の操作性を政治主体とは異なる視点から利用し、力関係を変革する可能性を開いているのである。文化の秘密を開示し、文化の概念自体の限界を明らかにしつつ、二者択一の議論から逃れて、文化に対する観光の可能性を見つめ直さなければならない。観光開発のなかのバリ「文化」はバリ人だけの問題ではもはやなく、文化をめぐって不均衡な力関係のなかに生きているわれわれすべての問題なのである。

V

座談会

アフリカ狩猟採集民の経済にみる社会変容の構図

市川光雄
菅原和孝
〈誌上参加〉原口武彦
司会　川田順造

川田――本日はお忙しいところをお集まりいただきましてありがとうございます。現代の世界では、経済においてもこれまで先進国主導で、とかくグローバル・スタンダードということがいわれ、世界が一律のものとして考えられがちでした。しかしそうではなくて、一九九七年ノーベル経済学賞を受賞したアマーティア・センの理論が先鋭に提起しているように、経済行為のなかにも文化的あるいはローカルな価値観を再認識していくことが重要な時代になってきていると思うんです。

それで本日は、アフリカの森林地帯と半砂漠地帯の、比較的最近まで狩猟採集をおもな生業としていた社会を深く研究された、京都大学の市川光雄さんと菅原和孝さんにおいでいただき、誌上参加という形で新潟国際情報大学の原口武彦さんにも事例を紹介していただきながら、アフリカに場を限って検討したいと思います。経済行為をグローバル・スタンダードや統計資料では把握できないという点では、アフリカは、世界のなかでも問題を集約して表している地域ではないかと思うからです。

人類一〇〇万年の歴史のなかで、人類の一部が農耕牧畜を始めたのはたかだか一万年前。農耕牧畜は生産経済といわれ、人間が自然に手を加えて自分たちで食料をつくり出すところに特徴があるわけですけれども、それとともに、人間が自然を支配して自由に操っているという思い上がりが生まれる。同時に、食料における生産経済の誕生に伴って、これは私は人類の基本的な三大欲望だと思っているんですけれども、「もっと多く、もっと早く、もっと楽に」という原則に沿って、生産性と能率性、安楽性が追求されてきた。初期の農耕牧畜段階からいわゆる産業社会に入り、その生産性、能率性追求で強力になった社会が、狩猟採集民を圧迫し、僻地《へきち》へ追いやったりマイノリティー化したりして、その行き着いた先が、今日みるような地球規模での自然と人間の関係の行き詰まりを招来したわけです。

それに対し、人類学者などによって、よく略奪経済というあまり適切とは思えない名称で呼ばれる狩猟採集経済で、最近まで生き続けてきた人たちがいる。本日取り上げる、アフリカに代表される狩猟採集民は、生産性、能率性だけにとりつかれてやってきた生産経済の人々よりは、自然に対する畏怖の念がより強く、自然に依存して生きる度合いがより大きいのではないかと思われます。人類史の九〇パーセント以上の段階では、私たちの先祖はみんな狩猟採集で暮らしていた。一万年以来も、地球上全体が食料生産経済になったわけではなくて、比較的最近まで狩猟採集を続けてきた人たちはあちこちにいたわけです。そういう人たちが洗練してきた知恵のなかに、生産性、能率性に侵された人間は頭を冷やして教訓を見いだしていくべきではないか。それに狩猟採集民の経済行為は、まさに現代のグローバル・スタンダードでは測れないものを集約して示してもいます。そのような問題意識から本日はお話しいただければと思っています。

ムブティ・ピグミーについて

市川――まず、狩猟採集経済を略奪経済と呼ぶことに私はちょっと抵抗を覚えます。略奪とはつまり、動物や植物などの資源をとってくるだけでそれらを生産しないということだと思うんですが、狩猟採集民にとっての資源とは、例えば食糧資源について言えば、植物にしても、動物にしても、究極的には太陽エネルギーと大気と水、それから土から吸収したミネラルの類をもとにして、植物が光合成でつくったものを利用するか、あるいはそれを食べる動物に還元できます。それらは利用されたあとで排泄されたりゴミになって捨てられたりして、やがては分解されて土のなかに還る。そうすると、またそれを植物が吸収し……というように、海の方に流されたりさえしなければその世界のなかで物質循環が完結しているわけです。太陽エネルギーについてはもちろん外から入ってくるわけですけれども、人間の歴史のスケールからみればほとんどもう無尽蔵ですから、他の物質が地域のなかでうまく循環していく、そういうようなシステムさえあれば、自

然の資源をとることがそれだけで略奪だとはいえないと思う。それが略奪になりうる条件が、地域の資源を外部に持ち出すようなもの、おそらく先ほど川田さんがおっしゃった三つの欲望だと思います。しかし、そういう欲望は、遺伝的にプログラムされたものかもしれないけれども、それが発現するためには、やはりある外的条件が必要なんじゃないかと思うんです。

私が研究対象としてきたのは中央アフリカの、現在はコンゴ民主共和国（旧ザイール。以下、コンゴ）の北東部、イトゥリという森林に住むムブティの人たち、いわゆる「ピグミー」と呼ばれてきた人たちですけれども、彼らは一般的にいって、「もっと多く、もっと早く、もっと楽に」ということに情熱をかけているとはとても思えない。それよりもっと大切なもの、重要だと思っていることがある。それは例えば狩りをするときでも、獲物を短時間に多くとることより、他人と一緒に遊んだり、共同で猟をしたり、あるいは森の超自然的な存在とコミュニケートしたりというようなことです。

「欲望」が狩猟形態を変化させる

市川――しかし近年になって、状況が変化してきています。この地方は基本的には森林地帯ですから、あまり食用の牛などを飼えません。ヤギはいるけれども貴重なので普段は食用としない。そこで、近くの町の人たちに、ムブティの人たちの狩る野生動物の肉が、タンパク源としてこのあたりでは非常に重視されるようになった。なかには、ムブティの人たちが森のなかにつくったキャンプにまで訪れて、肉と農作物、布地などとの物々交換をする人たちも現れた。それはナンデというバンツー系の、もとは鉱山の労働者として白人に連れて来られた人たちで、彼らは森のキャンプで肉を手に入れ、そこから徒歩で町まで肉を運んで商売する。そういう形の商売がだいたい一九五〇年代から盛んになってきました。

一九八〇年ごろからイトゥリで砂金の採集が合法化された。そうすると人口が急に増えて肉に対する需要が高まったので、ますます多くの人がムブティのキャンプを訪れるようになる。一方、砂金の流通もおもにそのナンデの人たちが携わっていて、彼らはトラックやオートバイでウガンダのカンパラやケニアのモンバサのほうまで行ってその金を売り、そして大量の雑貨を買って持ち帰る。あるいはもっと金持ちの人は、オマーンや香港あたりまで来て、中古の自動車や衣類を買って帰る、そういう活動をしている。これは正規の輸出入手続きをとっていないという意味でインフォーマルだけれども、非常にグローバルというかトランス・ナショナルな活動になっています。

同時にそういう活動が、ひいてはイトゥリにいるムブティの人たちの狩猟活動にも影響を与えているわけです。肉の交易人は最初は肉と物々交換するために食料を持っていったわけですけれども、ムブティたちは食料だけでは満足せず、布地からさらに衣類を求めるようになる。そうすると、衣類がだんだん必需品になってくるわけです。衣類というのは、狩りの獲物に換算すると二週間ぐらい一生懸命に猟をしないと手に入らないぐらい高価なものです。それで、腰巻き用の布などがひととおり女の人の手に入ると、今度はズボンや靴が持ち込まれるわけです。そういうふうにして、交易人は巧みにムブティの欲望を刺激する。その結果、衣服などの身の回り品のほかに、今度はラジオが欲しいとか、ランプが欲しいとか、つまり「もっと欲しく」なってくる。自分たちも周辺の農耕民と同じように「文明世界」の一員だということを視覚的に実感するには、そうした「もの」がいちばんなんですね。しかし、外から入ってきた「もの」は「高価」で、何日も働かないと手に入らない。

そうなると、「もっと多く、もっと早く」という衝動

ムブティ・ピグミー
中央アフリカのイトゥリの森に住むいわゆるピグミー系の狩猟採集民の集団。

〈上〉成女式の歌を歌う少女たち。ムブティの人たちの文化の特徴は歌と踊りのパフォーマンスにあるといわれている。

〈下〉狩猟に出るところ。狩猟は肉を得るだけでなく，社交や儀礼の場としての意味を持つ。

〈右〉森林の中のキャンプ。十数家族が集まって生活する。

写真提供　市川光雄氏

に押されていって、狩猟の形態も変わっていきます。かつては網を使って、家族一緒にワアワア楽しくやっていたし、次の猟場に移動するあいだに木の実を採集したり、休んだり、談笑したりといろいろなことがありましたが、それももうあまりなくなってきています。狩猟のためだけに形成されたタスク・グループのようなものがつくられる。家族を村に置いて、狩りに貢献できる成人男女だけで森に入るというようなことにもなるわけです。そうしてできるだけ多くの肉を交易に回す。一日の狩猟時間も長くなって、以前は自分たちが食べるものをとればそこで猟をやめてしまったんだけれども、交易にまわすためにできるだけ多くとるようになった地域が出てきているんです。

まあ、イトゥリの森全体をみれば、そういうふうにかなり精力的に猟をしている集団がある一方で、今までどおりの価値観のもとに、できるだけさぼりながら楽しくやろうという集団もあります。なかなか変化が一様ではないので、一般論として言うのは難しいところなのですが。

川田——いま市川さんが説明されたように、私は現代においては結局、必要は発明の母じゃなくて、発明が必要の母だと思うんです。外から新しいものが持ち込まれることによって欲望が刺激される。いわゆる仏法開発をやっている禁欲的なタイの農村でも、テレビとモーターバイクはみんな欲しがるそうです。それを手に入れるためには現金収入を得なければならない。そうなると結局、市場経済に巻き込まれて換金作物をせっせとつくり、企業マインドで農業をやらざるをえなくなり、仏法開発の理念に基づいた農業のあり方がくずれていくことになると思うのです。

交換システムの不思議

市川――ムブティの社会においても、まだ完全にそういうふうに価値観が変わりきっているわけではありません。交易でもそう簡単にいろんなものが手に入るわけじゃないですし、やはり自分たちの目の前の必要さえ満たせればいいという人たちも依然としているわけです。イトゥリに入ってくる工業製品はたいてい輸入品なのですが、輸入品の入手にはやはりコンゴという国の経済が問題になるのです。布地にしても、もとはだいたい外貨で買うわけですが、コンゴの経済は一九六〇年の独立以来ずっとインフレが続いていて、それも七〇年代からはだいたい年率一〇〇パーセント、旧ザイールが崩壊する九〇年代には、年率一〇〇〇パーセントというハイパー・インフレだったわけです。これではお金を持っていてもしょうがないということがあって、イトゥリの森のなかでは物々交換が相変わらずのおもな交換形態なんですね。

その物々交換のレートというのを調べたら、非常におもしろいことがわかったんです。まず一つは、原口さんも指摘されるように、度量衡に従って交換しているのではないということ。ダイカーという森林性のカモシカの仲間がいるんですが、その四肢肉を何等分かしたものが交換の一単位になっているんです。それに対して交換される食物や布地の量というのが実に安定している。現金価格が激しく変わっているという経済情勢にもかかわらず、私が最初に調査に行った一九七〇年代中ごろから一九九〇年ごろまで、レートはほとんど変わらず保たれていた。つまり、都市部では実質賃金が下がって人々の生活がどんどん苦しくなっているのですが、イトゥリのような地方ではそういう非常に安定した地域の交換システムがあって、それがこの地方の人たちの生活を安定させるのに大きな役割を担っていたんです。

いわゆる経済的な発展ということはあまりないかもしれないけれども、少なくとも自給を前提にした豊かな生活というものを実現するうえでは、そういう在来の交換体系が果たしている役割が非常に大きいと思うんです。

川田——国家のような集権的な政治組織ができると、権力者は時間と度量衡を支配したがりますよね。北京の紫禁城に行ったときに感銘を受けたのですが、城のテラスの左右に、日時計と穀物を計る升《ます》が置かれている。時間と度量衡が皇帝の支配下にある、ということの示威です。けれどもピグミーの場合も、アフリカのほかの農耕民や商人たちも、一律化された交換の基準を使わず、状況に応じてあくまで相対的に価値を決めるというのは、興味深いことですね。国家と経済活動の関係については、あとでまた触れたいと思います。

ブッシュマンについて

菅原——私のほうはまず、グループで長年調査をしています、南部アフリカの内陸国ボツワナを中心に分布し、カラハリ砂漠という非常に乾燥した環境に古くから適応してきたと考えられている狩猟採集民のブッシュマンの人たちと、近隣のバンツー系農牧民との関係について、現在に至るまでの歴史的な経過をざっと最初に振り返ってみたいと思います。

人類学におけるブッシュマン研究は、人類進化の非常に古い形の狩猟採集を現在まで保存してきた人々の研究ということで注目されてきたわけですが、実はそういう視点に対する猛烈な批判がここ十数年のあいだ高まってきて、その批判のいちばんのポイントは、実はブッシュマンは千年以上前から、南下してきたバンツー系の農牧民と密接に接触していたばかりではなく、むしろ彼らに隷属していたのではないか、という点なんです。

それについての解釈はいろいろあるんですが、結論的に言いますと、カラハリ砂漠のなかでも、農牧民との交流の度合いというのはかなり多様であったろうと思われるんです。少なくとも第二次大戦以前ぐらいまでは非常に孤立してほとんど農牧民と接触していなかった地域もあったし、私たちの調査地のセントラル・カラハリのように、おそらく十九世紀末から二十世紀初頭にかけて、バンツー系農牧民のなかでも、カラハリといわれる農牧民とかなり密接に接触していただろうという地域もある。

これからお話しするのは、全体としては二十世紀初頭ぐらいからの接触の歴史ということなんですが、一口にいえば、ブッシュマンの人たちはかなりの程度自給自足的な狩猟採集経済を維持していたであろう。ただ、彼らにとって非常に価値の高い物品——矢じりや斧などの鉄、そして嗜好品としてのタバコなどを手に入れるため、かなりの長距離を移動して、バンツー系のカラハリの村に交易に行ったであろうと推測されます。また、先ほど出た自然からの「略奪」という可能性がみえてきてしまうようなエピソードもすでにあって、農牧民が持っている馬をセントラル・カラハリのなかに乗り入れて、そしてブッシュマンの人たちを雇って獲物の足跡を追跡させ、最終的には馬で追い詰めて銃で殺すという狩猟も行われていたようです。

川田――それは何年ごろ?

菅原――一九四〇年代ぐらいだと思います。そのころのボツワナというのはイギリスの植民地で、セントラル・カラハリにおいてはすでにライオンやヒョウなどは捕獲してはいけないと植民地政府は指導していたようですが、そういうものも捕獲して毛皮を周辺の農場主の白人のボーア人に高値で売りつけていたとか、あるいはそういう密猟が官憲の知るところとなって刑務所に入れられたとか、そういう事例もかなりあったようです。

ブッシュマン（サン）

現在はアフリカ南部・カラハリ砂漠に居住し，大陸最古の住民と考えられている。（「ブッシュマン」という名称は，17世紀以降の入植者であるオランダ人による呼称に由来する差別語といわれ，近隣の牧畜民コイコイによる呼称「サン」が学界でも1970年代半ばごろより用いられる傾向が強くなった。ただし「サン」も自らによる呼称ではなく，侮蔑的ニュアンスともまた無縁ではないと考えられるため，本稿では「ブッシュマン」と表記した。）

〈上〉大型カモシカ、ゲムズボック（オリックス）の解体の様子。

〈下〉定住地から50キロ以上離れた原野に設営された雨季のキャンプ。

写真提供　菅原和孝氏

川田さんが最初に言われたような、経済のなかに息づく文化的価値という点で、ボツワナにおいてすごくおもしろいと思うのは、狩猟採集民の非常に現実主義的な世界観に対して、農牧民の人たちは妖術信仰を中心とする、かなりおどろおどろしい世界観を持っている。文化接触のなかで、そういうイデオロギーを少数のブッシュマンの人たちが取り入れているんです。それから、さまざまな生活上の問題や異変、特に子どもの異常分娩や幼児死のときに発生した「汚れ」を取り除く治療儀礼といったようなものを、そういうバンツーのイデオロギーを取り込んだ少数のブッシュマンが行い、その治療儀礼によって、ある種の報酬を得ていたということがあったらしいんです。

ここからブッシュマンの自給自足的な狩猟採集経済というイメージがだんだん怪しくなってくるんですが、いつのころからか、カラハリ砂漠のなかにバンツー経由でヤギが持ち込まれていました。もちろん肉も乳も利用するわけですが、それだけではなく、ヤギ何頭かと引き換えに、馬・ロバ・鉄の大鍋といった貴重な財産を手に入れるといったこともあったと考えられています。

そしてもう一つ、彼らは十一月から三月ぐらいまでの非常に短い雨期のあいだに、集中的に畑で農作物を栽培したということもあったんです。そこでのいちばん重要な作物はスイカで、特に水分補給源としての価値が高かった。

しかしながら、こういった農牧民との接触関係は実はまことにささやかなもので、ブッシュマンの狩猟採集というのは、決して自然を支配したり、操ったりというものではなくて、やはり市川さんの言われたように、ほぼ自然の物質循環のサイクルのなかに収まるようなものであったと私は思うんです。

「国家が捕捉」する

菅原――それが、大ざっぱにいえば一九八〇年ぐらいから状況があっというまに変わってきてしまった。それはまさに原口さんが言われた「国家が捕捉する」ということだと思うんです。ボツワナは一九六六年に独立し、比較的民主的な政体をとった。いわゆる部族間紛争を免れている、アフリカ諸国のなかでは平和な国です。それでもここにやはり国民国家という問題が立ちはだかってくる。

ボツワナに住んでいる人たちの九〇パーセント以上はバンツー系のツワナという単一の民族集団で、その民族集団がまたいくつかの部族に分かれています。ですから、いってみればブッシュマンというのは非常なる少数民です。その少数民族に対して、ツワナたちの民主国家、近代国家というものが、いわゆる福祉政策を狩猟採集民であるブッシュマンにも押しつけてきたんです。これは一見非常に人道主義的で、原野のなかで決まった家も持たずにその日暮らしをしているのは、人間の生き方として非常に貧しい、不安定だというので、定住させて近代的なさまざまな福祉の恩恵を与えようということなんですが、いまになって振り返ると、実はそういう政策は、彼らの狩猟採集生活がまさに物質循環の絶妙なバランスの上に成り立っていたということをまったく無視した、かなりの暴挙だったと私には思えるわけです。国家は非定住の人たちをなんとか捕捉し、選挙権を与えたり、税金も最終的には払わせようという、そういう強力な意志を持っていた。ボツワナにおいて、それは一九七〇〜八〇年代の遠隔地開発計画という名のもとに、すさまじいまでの急激な近代化の進行をみたのでした。そこでは、自然と調和して絶妙なバランスを保って生きているブッシュマンというイメージはもう持ちこたえられなくなってきたんです。

狩猟にしても、定住化によって伝統的な弓矢猟ができなくなった。銃はあいかわらず厳禁ですが、馬のほうは許されて、馬によって獲物を追い詰めて槍で殺す騎馬猟というのが盛んになったわけなんですが、その騎馬猟によって大量の肉が一度に手に入るようになり、その肉をブッシュマンの集団のなかだけで消費するのではなく、干し肉にして外界に売るということがけっこう行われるようになってしまったんです。これは法律違反とされましたから、見つかったら監獄にほうり込まれるわけですが、それでもかなりの騎馬ハンターがそれをずっと続けていて、おそらくそういう形での自然からの収奪、そしてそれが外界との接触のネットワークのなかに持ち込まれていくということは、かなり避けがたく進行してしまったと思います。

川田——国民国家というものができると、政府はとにかく人々を定住させて管理しようとするわけですけれども、この点ムブティの場合はどうですか。

市川——一九七〇年代のはじめに、定住化政策が部分的にとられた地域があります。当時のザイールという国の特殊性かもしれないんですが、定住化するとそこにやはりいろいろな類の官憲が押し寄せ、税金を納めろという。あるいは持っている権限を最大限に利用して、ムブティを含めた地方の人たちから現金やら役人が旅行するときの食料やら、ちょっとした過失を責め立てて罰金をとったり、荷物の運搬係をさせたりと、いろいろ収奪しようとするわけです。官憲の給料が安いので、そういうことが黙認されていたのです。しかしそういうことが続くものですから、二、三年はムブティの人たちも街道沿いに定住的な土の家をつくっていたんですけれども、大半が森のなかにまた引き揚げてしまった。このときは、外のもっと大きな社会と接触しながらの定住ということは、結局失敗に終わったんです。

川田――西アフリカの農耕民でも、換金経済に巻き込まれる一つの大きな要因が、税金なんですね。これは植民地時代からすでに人頭税という形で取り上げられていて、そうなると何とかしてお金を稼がなければならないというのがかなりシビアな問題だった。植民地時代にはそれを一つの強制力にして、綿や、落花生といったものを栽培させて、宗主国が産業的に収奪したわけです。ブッシュマンの場合、そのあたりの問題というのはどうなんでしょう。

菅原――遠隔地開発計画から現在に至るまで、自立した生業基盤を確立するということには完全に失敗しています。現在の彼らの主食は政府が配給してくるトウモロコシの粉なんですが、その資金のかなりの部分は、北欧、特にノルウェーやスウェーデンのODA（政府開発援助）に仰いでいる。そういう状況ですから、徴税するなどということはとてもできないですね。

経済活動の変化は文化を変えるのか

川田――いまのお話ですが、そんなにトウモロコシの粉が入るとなると、食生活も変わりますよね。

菅原――そうですね。東アフリカではウガリといいますが、トウモロコシの粉を、沸騰させた大量の湯に入れてお粥のようなものをつくります。私たちの調査地では英語のポリッジ(porridge)がなまってパリッツィと呼びます。それをつくり始めて、かえって昔よりも薪の消費量が増えたというんです。野生の植物性食物は過去にはおそらく彼らの摂取カロリーの七〇〜八〇パーセントを占めていたといわれているんですが、その採集はめっきりすたれたと考えられています。かといって、その役目を負う女性の労働が軽減されたわけではなくて、代わりに大量の薪《たきぎ》を取ってこなければならない。そうすると定住地のまわりからはどんどん枯れ木がなくなっていきますから、薪取りに費やす時間と労働というのがどんどん女性にのしかかることになってくる。

市川——以前は要するに、野生の資源は、別に蓄えなくても必要なときには手に入るという、自然に対する信頼があったのではないかと思います。その点で、農耕牧畜とのさらなる接触によって、自然に対する考え方とか所有の考え方とか、あるいは貧富差といった点での社会的変化などもかなり出てきているんですか。

菅原——まず自然面では、先ほど少し述べたように、セントラル・カラハリではもともとスイカが重要な植物の資源だったんですが、栽培するとそれよりも何倍も大きいものができて、果肉だけではなく種も一緒に食べることができるということもあって、農耕もかなり魅力的な選択肢になったようです。

川田——味覚という点では、ウガリのようなものに対する抵抗はなかったんですね。

菅原——ええ、久しぶりに食料が配給されて子どもたちがトウモロコシのお粥を食べている表情を見た限りでは、実においしそうにうっとりとしてます。セントラル・カラハリは、実は自然条件がかなりきついんですね。クンあるいはジュツォワと呼ばれるボツワナ北西部のブッシュマンの土地には、モンゴンゴという非常に栄養価の高い高木の実があるんですが、主食にもなるような実をならせるその木が、セントラル・カラハリには分布していないんです。だからこそ彼らは、渋くもなく、繊維質もない滑らかなトウモロコシのお粥をすばらしくおいしく感じるのではないかと思います。

市川——しかし、やはりときには原野《ブッシュ》のものが食べたくなるということもあるんでしょう。

菅原——それはそうです。だから定住化初期を過ぎると、ブッシュの食物を食べたいという言説が繰り返し聞かれますね。やはり原野のものがいちばんおいしいということだと思うんです。

市川——コンゴの地方の農民なんかも、野生の肉《ブッシュ・ミート》に対する嗜好がものすごく強いんです。私たちからみると野生の肉は脂肪分が少なくすかすかで、臭いもかなりするけれども、たとえ牛肉が手に入っても、野生の肉のほうがプレミアがついて高くなっている。それでも買い求めるわけです。野生の肉のほうが力がついていいんだと。

川田——そう。それは西アフリカ農耕民でもそうですよね。森林の肉に対する信仰みたいなものがある。それに農耕民でも、いまのように野生動物が激減する前には、食料獲得のうえで狩猟への依存度はかなり大きかったし、野生植物の採集はいまも重要です。ムブティの場合、そういう食料に関する価値観の変化はどうですか。

市川——彼らはかなり前から農耕民とつかず離れずの共存関係にありましたから、デンプン食の大半、だいたい六割ぐらいは農作物からとります。そういう意味で変化はほとんどない。しかし、農作物の調理法はたいてい茹《ゆ》でるか焼くだけで、キャッサバの粉などでウガリをつくるということはあまりない。

川田——でも、ごちそうとしての価値は認めているわけですね。

市川——ええ。肉の交易人が持ってくる食料というのがそのウガリの粉か米で、彼らにとってそれは非常にごちそうなんです。

川田——ブッシュマンの場合、外から持ち込まれて欲望を刺激するような新しい食料というのは何かありますか。

菅原——それは膨大にありますね。例えばブッシュマンの側ではなく、農牧民というか、町に住んでいるバンツーの人たちのなかに商売をする人がいて、町から安酒を買い込んでくる。彼らにとってのいちばんの誘惑というのはお酒です。政府の配給のなかに砂糖があるんですが、砂糖は小型カモシカの皮と交換したり、また町へ行けば大量に買うことができたりしますから、裕福な人たちなどはそれでアルコール分の低いビールのようなものをつくって、それをブッシュマンに売る。法的な取締りというのは一切なされていない。

川田——その場合、ブッシュマンは現金で買うわけ?

菅原——そうですね。現金じゃない場合には、いろんな作業をブッシュマンに手伝わせる。つまり、彼らの労働力を酒の代価として収奪するということがあります。

民芸品を買い上げるNGO(非政府組織)の存在

菅原――現金での収入ということに関して二つ言うべきことがありまして、一つは政府の肝いりで雇われる道路工事の給料。アフリカの標準からいったらかなりの日給が支払われる。もう一つは、彼らの伝統的な物質文化がそのまま民芸品となること。デンマークのNGOなどはそういう民芸品買い上げの非営利組織をつくって、定期的に買い上げに来るわけです。いちばん人気の高い商品は、狩猟バッグ一セット――小型カモシカの皮製のバッグの中に、槍や弓、掘り棒、火おこし棒、矢と矢筒などが入ったもの――をかなりの高額で買い上げる。それが都市のみやげ物店にまで流通して、ブッシュマンらしさを求める観光客の夢をかき立てる。それでかなりの現金収入が彼らの生活のなかに流れ込んでくる。

市川――ムブティの場合、そういうふうに組織的に商品化されているものは現実にはほとんどないのです。一九八〇年代後半になってから、樹皮布という、森の蔓の皮をはいで水の中につけておき、それを象牙の槌で叩き、いろいろな染料を使って彩色してつくったものを、一時期ヨーロッパから買い付

デンマークのNGOが組織する民芸品売買の団体が定住地を訪れ，ブッシュマンの人々から伝統的な物質文化を買い上げている。左下の縞のＴシャツを着た白人女性が，この団体のスタッフ。(1992年撮影)
写真提供　菅原和孝氏

けにきていたんだけれども、すぐいなくなってしまいました。
もちろんピグミー観光というのは有名で、実は私たちもそういうところに行ったことがあるんだけれども、そこには観光狩猟セットというのがありました。一緒に狩猟へ行き、とってきた肉を一緒に食べ、彼らの小屋に泊まり、というような旅行がセットされているわけです。でもそうしたわずかな例を除けば、私が調査していたころは、観光客もあまり来なかった。
だから、今ボツワナの話を聞いていて、ブッシュマンはどんどん近代化のほうに向かって、手厚い保護のもとにいるように思えるんだけれども、コンゴの場合は農民にもそんな道が与えられていない。かえって昔に逆戻りしているんじゃないかと思うことさえあります。

川田――ボツワナは、鉱物資源も豊富で国家として経済的にかなりうまくいっているんですよね。だから、そういうことができるんだと思う。

市川――コンゴの場合、国家の厚遇というものはほとんどないんです。結局変化を及ぼす大きな要因は市場経済で、それは従来のインフォーマル・セクターに関する研究で議論されているような、都市的雑業にとどまっていない。

川田――国家のコントロールなんていうのは全然ない？

市川――もうほとんどないです。唯一、貨幣が何がしかの国家の力を背景に持っているわけですけれども、先ほどお話ししたように、貨幣に対する信用が非常に薄いものですから。

川田――ブッシュマンのところでやっているような、民芸品を売るのを奨励するＮＧＯはコンゴには入っていないんですか？

市川――カトリック関係のＮＧＯが一時は弓や樹皮布などの民芸品を買い上げていたようですけれども、それもあまり長続きはしなかったです。地域によっては彼らに勤労の精神を教えると称して、道路を補修させたりというのもときにはやっているところもあるようですが、長続きしないし、あまり勤労の精神が身についたとも聞かない。

川田――ブラジル北西部のマトグロッソの、狩猟採集が自給経済で大きな比重を占めていたナンビクワラ社会でも、アメリカのプロテスタントのミッションが物欲をかき立てて、彼らを「近代化」しようとしたことがありました。独善的もいいところですが、ナンビクワラのほうはなかなかそれに乗ってこなかった。キリスト教ミッションは、スナノミ（砂蚤）よけに焚火《たきび》の灰を体にかけて素っ裸で眠る人たちに、パンツをはかせようともしました。ところが彼らは配られたパンツを頭にかぶっておどけて見せたりしたそうです。

「差別」の構造

菅原――それで、先ほど少し話に出た貧富差ということですが、どうもブッシュマン自体にそもそも貧富差があったようで、かなり昔からカラハリと混血した一部の人たちは、おそらく三代ぐらい前からずっと、高い価値を持つヤギを所有する富裕階層とみることができるようです。

川田——富のもとはヤギなんですね。

菅原——そうです。その貧富差というものが彼らの社会のなかでどんなふうに経験されているのかについては、けっこう微妙なところがあると思うんですが、カラハリとブッシュマンとの関係でも、私はいろんな場面で感じたことがあるんです。ブッシュマンはある種の二面的な態度を使い分けるということが非常に上手で、自分たちの仲間内では、物腰、態度、喋《しゃべ》り方がことごとく違うカラハリ系の金持ち連中の尊大な振る舞いをパフォーマンスして、ゲラゲラ笑ったりしてこき下ろすわけです。しかし、いざその彼らの前に出るとコロリと態度を変えて、非常にいんぎんに振る舞って、そして何かしらの恵みを期待するという態度をとる傾向があります。

川田——やはり力関係のうえではカラハリのほうが強い。

菅原——ブッシュマン自身がはっきりと自分たちの従属的な位置というのを認めているふしがあって、例えばびっくりしたのは、カラハリとの関係を語るときに、彼ら自身が慣用句として「俺はブッシュマンだけど」という感じで言う。また、言い回しで「彼らはもの持ち、金持ちだけど、私たちは役立たずだ」というのもある。そこにある種の劣等感みたいなものが凝集されていると私は感じたんです。また、これもきわめてアンビバレントなところで、一方では「連中はいつも妖術を使って、兄が弟を殺したりおじいさんが孫を殺したり、むちゃくちゃしている」といって彼らが超自然的な力をふるうのを非常に恐れながら、他方では、何かあるとカラハリに儀礼をしてもらいたがるなど依存しているわけです。あるいは、カラハリとの付き合い方はこうあるべきだというような、ある種のエチケットみたいなものをはっきりと意識化しているふしもあります。

市川——ただ、もとから農耕民と狩猟採集民のあいだには多少の上下関係があったかもしれないけれども、それを増幅したのはやはり国家のシステムじゃないかと思うんです。農耕民は学校へ行って国民教育に参加している。税金を払い、経済の一端を担っているし、選挙もする。より大きな社会の一員になっているわけです。しかしムブティやその他のピグミーの人たちは、そういうところから、やはり排除されているというか、自発的な逃避という面があるかもしれませんけれども、退いている。そういう人たちを見る農耕民の目というのが、国家の成立によってより厳しくなってきたといえる。

菅原——それはまったくそのとおりです。

市川——コンゴのイトゥリでは、ムブティのなかには昔から学校へ行っていた人たちもいるし、差別意識もあまりなくて、通婚もそこそこあったんですけれども、私がコンゴ共和国（首都ブラザビル）へ行ってびっくりしたのは、そこのアカというやはりピグミー系の別のグループの人たちが非常に差別されていたことです。それはやはり、選挙とか、税金とか学校教育とか、国家に国民として参加しているかどうかということと無関係じゃないと思う。

イトゥリのムブティにしても、最近まで「第一市民」とされて税金を納めなくてもいいことになってたわけですが、いつごろからか税金を納めて、国が発行する身分証をもらうようになったんです。しかし、そこに貼るべき収入印紙に支払うお金がない。それで農耕民に借りるから、また一つ従属関係ができてしまう。

菅原——ボツワナの場合、国家が介入してくる前までは、ブッシュマンとカラハリはそこそこ対等にやってきてたと思うんです。それは言ってみれば、等身大のパーソナルなものとして関係を取り結んできたからですが、国家のきわめてシステマティックな介入というのは、もはやそういうパーソナルな関係を超えたところで、少し強く表現すれば「彼らの根底を解体し始めている」という感じがします。

川田——国家機構の中心を握っているのはカラハリですか。

菅原——カラハリも含め、全部をひっくるめてツワナというんです。ですから、セツワナ語という国語をみんな話します。ただそれがいくつもの方言に分かれていて、部族は七つぐらいあります。カラハリはその部族のヒエラルキーの最下層です。中心にいるツワナにとっては、カラハリもブッシュマンもほとんどいっしょという感じだと思うんですが。

川田——それには地理的な要因もあるのでしょうか。

菅原——そうですね。遠隔地で、農耕牧畜の条件もあまりにも過酷であるということで、ツワナの主流にとっては、辺境にいる人たちということになる。

ちょっとボツワナ政府のために弁護しなければいけないのは、奨学金や寄宿舎がきわめて発達していまして、私の調査地にできた小学校を優秀な成績で卒業した青年がいるんですが、彼はその後二〇〇キロほど離れた町の中学校に、そしてさらに三〇〇キロぐらい離れたマウンというかなり大きな町の高校に進学し、現在はカレッジで教員免許をとるために勉強してます。彼はブッシュマンのなかでも折り紙つきの秀才なんですが、そういう優秀な人間には、知的エリート層に上っていくパイプがいちおう保障されているわけです。それはカラハリであっても同じだと思います。

ただ、学校教育の危険性というのは、そうやって英語やツワナ語を覚えて、外界の知識も獲得した多くの青年が、そういう少数の例外を除けば、小学校を卒業したぐらいだとぶらぶらし始めてしまうんですね。彼らは原野に対する愛着も全然ありませんから、狩猟採集なんてもともと知らない。そうすると、あとは外界から流入してくる、欲望をかき立てるさまざまなものに振り回されながら、アルコール依存への道をまっしぐらという、悲惨な未来も一方ではみえてしまう。

市川――教育もそうだけれども、生活についても、結局物質的な側面を豊かにする方向で進歩すると、退化する部分が必ずあるんですね。すべての側面を同時に発展させていくということはできない。もともと人間というのはいろんな方向への可能性を持ってるのだけれど、発展はそうした可能性を徐々に狭めながら進むという面があるのでしょうね。

狩猟なんかでも経済性ばかり追求すると、遊びとしての側面とか社会性というのが抑えられてしまう。そういう問題は常に開発や発展に付随しているように思います。

貧富差を増大させるもの

川田――先ほど、ブッシュマンは定住化によって騎馬猟を行うようになったという話が出ましたが、馬を持っている人の割合というのは、どれぐらいなんでしょう。馬を手に入れようとすると、やはりかなり高価だと思いますし、馬はものすごく草も食べるから、飼っておくのも大変だと思うんだけれども。

菅原——私の印象としては、世帯数でいえば一割ぐらいじゃないですか。
川田——そうすると、それでますます貧富の差ができるというか、新しい階層をつくるわけだ。馬はヤギで買うの？
菅原——ええ。それから、道路工事の現金収入や民芸品の現金収入を貯《た》めたり。
市川——やはり貯めるわけだ。
菅原——あと無視できないのは、人類学者が調査助手に払う給与。これはやはり非常にコンスタントなものですから、そういう意味ではけっこう彼らの経済状態に影響している。
市川——そうすると、そういう高価なものを買うのに、例えば何人かで金を出して買うとか、資金を回していくとか……。
菅原——それはないですね。ただ、関連してちょっと申し上げたいことがあって、ボツワナ政府がこの一〇年ぐらいにわたって延々と、再移住計画というのを準備してたんです。動物保護区のなかで人間が狩猟をし続けるのは野生動物の資源を守るという観点からよくないというのが、表向きの理由です。ただ、ブッシュマンの人たちが頑強に反対していたもので、強制的には移住させないということだったんですが、それがガラリと状況が変わって、一九九七年の五月から九月にかけて、私たちが調査していた定住地のすべての住民が、動物保護区のちょっと外側に移住してしまいました。
それにはいくつか誘因があって、一つは、彼らが生涯見ることのないような大金を移住手当として払う。それから、もちろん移住先には飲料水を供給しなければならないんですけど、その飲料水用の水脈が動物保護区境界ラインのすぐ外に見つかって、水道管を埋設して新しい定住地に水道を完備した。その埋設工事に、目をむくような巨額の日当を支払う。これは人類学者の与えるサラリーの何倍もあって、調査助手がすべてそっちへ鞍替えしたとかね。

市川――しかし、なぜそこまでしてボツワナ政府はブッシュマンを移動させたいの。

菅原――いろいろ説はあります。ひょっとしたら鉱物資源のために住民をまわりから追い払いたいのかなという観測もある。しかし、そうやって大金を手にしても、まず買うものはやはり馬です。ですから新しい定住地では、おそらく馬の持ち主が増えていると思います。それとまさに富の象徴である車でしょうね。

市川――ブッシュマンの状況というのは、アフリカの狩猟採集民という枠で考えるより、オーストラリアやカナダの狩猟民なんかによく似ているのでしょうか。ただ土地に対する権利《ランド・ライト》についての認知というか、それはまだないけれども。

菅原――それについてですけれども、再移住が終わってちょうど一年たったときに、私は再移住についてどう思うかという聞き取り調査をしたんですが、そのときくっきりと、ランド・ライトのような観念が彼らのなかから出てきたんです。それは「砂」という言い方で、「俺たちは砂から去ってきてしまった。俺たちの砂には、あれもこれも生えていた」という。ライオンが馬や彼ら自身を脅かす存在であったことさえ、「俺たちはもともとこの砂の上にライオンと一緒につくられたんであって、ライオンを怖がるなんてことは俺たちにはできない」という。

アイデンティティーの主張はあるのか

川田――そういう話に関連して、自分たちの伝統文化の美化とか、変化に対する抵抗とか、一種の主張のようなものはみられないですか。

菅原――まだそこまでいってないというか、いままさに伝統的な文化を剝奪されようとしている段階だと思います。自分たちの伝統をまだ客体化するまでには至ってないという。現在進行形の事態のなかで、ネガティブにいえば、右往左往しているという状況なんだと思います。

川田――ムブティの場合は、そういう文化的アイデンティティーの主張というのはどうですか。

市川――それは彼らにとってなくはないんですけれども、先ほど言った身分証でも、彼らの集団名――ムブティという名前はなく、近くの農耕民の名前が書いてあるだけで、つまり国家レベルでも認知されてない。ただ、おもに自然保護との関係ですけれども、最近はNGOの人がいっぱい入ってきて、そういうところからの影響がすごく大きくなってます。アイデンティティーをめぐる状況が、そうした外からの影響によって急激に変わる可能性はあると思いますね。

菅原――これは本当に人類学のジレンマを体現しているような問題だと思うんですけれども、まさにランド・ライトという観念が、彼らから内発的にわくものじゃなくて、近代の側から入ってくるものなんです。セントラル・カラハリできわめて象徴的にみられるのは以下のようなことです。町にいる白人入植者とブッシュマンとの混血の人たちが中心になって、ブッシュマンの人権擁護団体みたいなものをつくっている。そのエージェントが行う演説に一つの定型化された語り口があって、「お前たちツワナ人はブッシュマンによその土地へ行けというけれども、この砂には私たちの祖先の骨が眠っている。もしよその土地に移住させるのならば、祖先の骨をすべて掘り出して一緒に移住させろ」とか、「ブッシュマンを移住させるのならば、まずツワナ人の首都にいる人間をどこかへ移住させるとか、そういうことをやってみせろ」と。

そういう人権擁護団体がうたいあげた言説が、もうすでに私の現地の友人たちのあいだに流布していて、非常に定型化された語りとして、例えば仲間が精神錯乱に陥って非常に危険な状態になったりしたときに、まわりに集まった人たちが、「どうしてこんなむごいことが起きるんだろう、やはり祖先の骨を捨てて移住してしまったからではないだろうか」ということがまことしやかにささやかれたりするんです。

そうすると、彼らの国家に対する抵抗の語りというものの、いったいどこからどこまでが内発的に出てきたものなのか、ちゃっかりどこかから借用したものなのか。私はたまたまそういう微妙な変化のまっただ中にいたからわかりましたけれども、あと一〇年たってそこを訪れたら、そういう語りというものに案外私たちはうっとりしてしまうのかもしれない。

労働観の見直し

菅原——農業に話が戻りますが、ブッシュマンの近代史を掘り起こした、ナミビアがフィールドの研究者がおりまして、彼が南部アフリカへの白人入植者の特質を、捕食的経営＝略奪であるとした。つまり、カラハリ砂漠は非常に植生が貧困なので、そこで採算に合う農場経営をしようとすると、結局あるところを食い尽くして、また別のところに移っていくという形にならざるをえないと定義づけたんです。そうして、土地の貧困さを果てしなく面積を拡大することによって補おうとしたところが、非常に危険なシステムをつくってしまった。こうして考えると、何かあまり明るい展望がないような気がしますね。

川田――一九四〇～五〇年代ごろまでは、G・チャイルドとかR・ブレイドウッドとか、おもにアングロサクソン系の考古学者が、農耕牧畜の形成を「食料生産革命」と呼んで、人類の偉大な発明として賛美した。アメリカのトルーマン大統領も、一九四九年の新就任演説で、豊かなアメリカをはじめとする先進国の富や技術を低開発社会に分けようではないか、という開発の理念を持ち出した。人類学者のL・ホワイトもそのころ、人類の進化の尺度を一人当たりのエネルギーの消費量で測ろうと考えるなど、そのころは生産性増大に対する楽天的な見方があったと思うのです。それが七〇年代のオイルショックのころからあっというまに、「成長の限界」とか「スモール・イズ・ビューティフル」ということが言われだすようになる。ガンディーの影響を受けたE・シューマッハーなどは、働くということに対する価値観そのものを転換しなければだめだということを主張しますが、私もそれは根本的に大切な点だと思うんです。

アフリカと日本に共通していてヨーロッパ社会にないのは、労をねぎらう言葉。「ご苦労さま」とか「ご精が出ますね」とか、人が働くのをほめたり励ましたりするための言葉は、私の付き合った西アフリカの社会にもいっぱいある。ほかにも、炎天下を歩いている人を遠くから見かけると、「キェンキェンデー」と声をかけてやるんです。これは「よく歩いてますね」という励ましの言葉なんですが、私も暑いなかを歩いていて、遠くから「キェンキェンデー」という声がかかると、デレデレ歩いてないで、元気を出さなきゃという気持ちになる。

ところが、大工さんとか、来て働いている職人さんへの「ご苦労さま」というねぎらいの言葉がフランス語になくて、私はフランスで暮らしていたときにとても困った。フランス人の友達に聞いたら、「お金を払っているんだから、お礼を言う必要はない」という。事実そういう表現は、フランス語だけじゃなくて、英語、スペイン語、イタリア語でもないらしいんです。一神教の世界だと、「グラーチェ」とか「メルシー」とか、要するに神様経由になってしまうのではないか。これはアラビア語でも同じらしくて、「神様のお恵みがあるように」というような話になってしまって、人間対人間の関係で働くことを賛美する基盤がないんじゃないかという気もするんです。そういう点では、勤労に対する観念がアジアとアフリカで共通している面がある、ということを思うんですが。

菅原——アフリカでも「見て見ぬふり」というのは多いですよね。私が見た例としては、亭主が狩猟に成功して、夜遅く額に一面の汗をためて帰ってきたんですけれども、子どもたちは「ワーイ、とうちゃんが肉をとってきた」とまとわりついてうれしがるんですけれども、奥さんは知らんぷりしているんです。

川田——どういうことなんでしょう。

菅原——過度にねぎらうというのは、逆に考えると、相手にすごい期待を投げかけていることになる。失敗した場合も知らんぷりだし、成功しても知らんぷりという感覚かな。それはやはりすごく狩猟採集民的だと思ったんです。

川田――なるほど。そういう対応も現実の生活感覚に根ざしているんですね。一つの慮《おもんぱか》りの表れですね。

アフリカが提示する「文化としての経済」

川田――そろそろ議論を終わりにする時間になりました。付け加えておきたいんですが、昨年(一九九七年)十月に東京で開かれた第二回東京アフリカ開発国際会議のシンポジウムに行ったときに感じたんですけれども、そこに出席するような国家元首や大臣級の人たちは、アフリカの経済問題を論じるのに統計的な数字に基づいた発言をしている。アフリカ経済の見通しは決して暗くない、近代化された企業としての農業を盛んにして、それによってアフリカの国々の国際収支を好転させるべきだ、そのためにもっと外国から投資をしてもらいたいし、資金や技術も援助をしてほしいというようなことを述べていました。けれども、私たち人類学者が長く住んでいても結局一つの村の人口や耕地面積、収穫量など正確につかめないのに、何を何トン生産したとか、国レベルで正確な統計が出るはずがない。自給経済に限らなくても、国家レベルでの統計的な数字の上ではとらえられないようなインフォーマル・セクター、きわめて自由で個別な経済観念や数量化しにくい経済行為が重要な役割を果たしているということも、今日の議論で出てきたと思います。

市川――市場経済におけるグローバリゼーションというと、構造調整のように国家を介して影響を及ぼすものと思われているし、そういうふうに経済学者なんかは考えるけれども、アフリカの場合そうではなくて、ものすごくゲリラ的に進行しているということです。中央アフリカを見ていると、特にそう思います。こういう地域でいま、国家が何か役割を果たすということをあまり過大に考えるのは、実情にそぐわないんじゃないか。いまコンゴでは、国境を突き破って他国人が入ってきて戦争しているわけだし、インフォーマルの経済なんてまさに国境なんか越えて活発になっているし、貨幣に関しても、もうその辺の人たちがみんなドルで商売してる。

菅原――やはりこういう話をするときにいつも出てくるファクターだと思うんですが、重視すべきはその集団なりコミュニティーなりの多様性ですね。選択の幅というか。変化にきわめて従順に吸い寄せられていく人たちがいる一方で、それに対してかなり抵抗感を持って、原野への執着を非常に強く押し出してくる人もいる。アフリカにおいてはしばらくこのような状況が続くかもしれません。

川田――本日のお話にも出てきたように、狩猟採集民の経済行為というものと、国家の枠や生産経済、およびそれが徐々に巻き込まれつつあるグローバル化した経済システムなどとの関係、それから彼ら狩猟採集民が抱き続けている文化的価値観といったものは、世界的な視野でみても、重要な問題を提示しているのではないかと思います。都市部への人口集中、人口配置のアンバランスと脱農村、農業の脆弱《ぜいじゃく》化、それにともなう食料の直接生産人口の低下と、他方では消費のみ行う人口の増大という問題、都市とその周辺に集中した人たちが炊事用燃料にするための樹木の濫伐と砂漠化の促進、熱帯雨林の過度の伐採が引き起こす広汎な気候変動の問題など、本日あまり触れられなかった問題でも、アフリカ、高度産業化社会を問わず、文化的価値の側面から語られる必要のあることはたくさんあります。これからもいろいろな機会に議論を深めていきたいと思います。

本日は興味深いお話を、長時間にわたりどうもありがとうございました。

（一九九八年十二月二十三日収録）

誌上参加

ジュラ商人
西アフリカ・コートジボアール共和国における経済活動

原口 武彦

コートジボアールには、「ジュラ商人」と呼ばれる経済活動の担い手が存在する。「ジュラ」とは、もとは西アフリカ・マンディンゴ語系の言葉で、植民地化前、長距離交易に従事する巡回商人を意味する普通名詞であった。彼らはサバンナ地帯と熱帯雨林地帯の千キロ以上に及ぶ交易路に点々と拠点をつくり、サバンナの側からは岩塩や織物など、熱帯雨林地帯からはコーラの実や金などを交易商品として活動していたが、「ジュラ」という言葉はやがて族的な意味内容を帯びるようになってきた。今日的文脈でのジュラ商人とは、国の公用語であるフランス語ではなく、ジュラ語を商取引の言語として使っている商人層、といってよいと思われる。

フランス語圏の旧植民地の場合、伝統的にレバノンやシリアなどの商人が国際商品の流通に勢力を保っており、輸入工業製品や輸出作物（コーヒー、ココア）などについては今日でも彼らが扱う分野であるが、ジュラ商人の場合、その活動の中心は地場の食料作物――料理用バナナ（plantain banana）、ヤムイモ、米などの食料を、都市（経済的主都アビジャンなど）へ供給することにある。

＊　＊　＊

ジュラ商人の活動と国家との関係を示す二つのエピソードがある。一つは、コートジボアール政府が一九七〇年代に試みた、アビジャン郊外の中央卸売市場の建設で、これによって政府は、特に食料の卸売に従事するジュラ商人の活動に、何らかの規制を加えようとしたものと思われる。もう一つは、「アグリパック」という模擬店のような食料小売店を市営市場のなかに設置し、そこでは度量衡を採用し、一キロ、あるいは一〇〇グラム単位で商品の販売をするという、流通の近代化の試みであった。

しかしコートジボアールには、米を除く地場の食料作物の生産流通への国家の直接介入の例がそれまでになかったためか、あるいは、グラム単位、キロ単位ではなく、一〇〇フラン、二〇〇フラン、五〇〇フランといった貨幣単位に見合った量を山積みにして売るという従来からの習慣があったためか、この二つの試み――国家による食料流通過程の捕捉ともいうべき試みは、結局失敗に終わる。国家的プロジェクトとしての流通の近代化は、その規模や効率の点で、ジュラ商人の持っている機動力には勝てなかったのであろう。ジュラ商人の活動は、政府の政策とは関係なく、国家主導で進められた経済開発の過程で生じた、経済活動の余白の部分を埋め尽くすような形で、自然発生的にその領域が拡大してきたのである。

＊　＊　＊

私は一〇年ほど前に、このジュラ商人が掌握している料理用バナナの流通過程を観察したことがある。料理用バナナは、アビジャンの都市食料としてかなりのウエートを占める主食作物の一つである。アビジャンから三〇〇キロほど離れたガニョワという地方都市周辺の農村地帯が産地の一つで、あらかじめ契約していた農家から、目分量で約三〇〇〜五〇〇キロ単位の買い付けを行う。買い付け人は一〇トン積み程度のトラックを持つ専門の輸送業者と契約し、買い付けたバナナを一晩かかってアビジャンまで運び、市場のまわりに散在する卸売問屋へと運び込む。朝、問屋に集まってきた小売商の婦人たちがそこで仕入れをし、その日の市場に向かう、というのがおおよその活動形態であった。

驚くべきことに、産地における買い付けから、小売商の手に渡り一般消費者に売られるまで、およそ度量衡は介在せず、取引はすべて目分量で行われる。なお、ほとんどが現金での取引であり、

アビジャン市の下町の市場近くにあるプランテン・バナナ卸問屋。度量衡なしで取引が行われている。

私が取り上げた事例では文字はまったく介在しなかった。いわば無文字商業が展開されているのである。

＊　＊　＊

十数年前からすでに、耐久消費財や洗剤、たとえば日本の乗用車のテレビコマーシャルなどにも、ジュラ語によるものが登場している。国家の保護を受けて普及がはかられたことがない言語であるにもかかわらず、ジュラ語は商業によって普及してきたのである。今日ではコートジボアール人の六割以上がある程度ジュラ語を解するといわれ、ジュラ語を使って生活している人々の経済力というものが、例えば耐久消費財のメーカーにとっても無視しがたいものとなってきていることを示している。

実際、ジュラ商人のなかにはかなりの成功を収めた人もいる。例えば、コートジボアールではトラックなどにYSというマークをよく見かけるが、これはヤクバ・シラという成功したジュラ商人の名前の頭文字で、彼はガニョワに邸宅を持ち、輸送業や映画館経営など、一代で成功を収めたジュラ商人の出世頭であった。

インフォーマル・セクター（都市型の非公式・雑種の経済活動）の主体であるジュラ商人は、いわばまだ商業資本の段階にあり、これが産業資本的なものに転化していくかどうかについてはまだ判断できないが、国家主導の経済発展過程で出てくる間隙を縫っていく彼らの経済活動は、今後のこの地域の経済発展過程のなかで決して無視しえない要素であると思われる。

原口　武彦　はらぐち・たけひこ

新潟国際情報大学情報文化学科教授

著書：『部族と国家—その意味とコートジボワールの現実』（アジア経済研究所，1996年），『アビジャン日誌—西アフリカとの対話』（アジア経済研究所，1985年），『構造調整とコートジボワール農業』（編著，アジア経済研究所，1995年）など

堀内 正樹　ほりうち・まさき
広島市立大学国際学部教授
著書：「モロッコの音文化」『民族学研究』65-1（日本民族学会，2000年），『地中海世界史・第4巻・巡礼と民衆信仰』（共著，青木書店，1999年），『地中海という広場』（共著，淡交社，1998年）など

石川　登　いしかわ・のぼる
京都大学東南アジア研究センター助教授
著書：「空間の履歴：ボルネオ南西部国境地帯における国家領域の生成」坪内良博編著『地域性の形成論理』（京都大学学術出版会，2000年），「民族の語り方―サラワク・マレー人とは誰か」内堀基光編『民族の生成と論理』（岩波書店，1997年），「境界の社会史―ボルネオ西部国境地帯とゴム・ブーム」『民族学研究』61-4（日本民族学会，1997年）など

若桑 みどり　わかくわ・みどり
千葉大学文学部教授
著書：『象徴としての女性像―家父長制社会における女性像の再検討』（筑摩書房，2000年），『世界の都市の物語―フィレンツェ』（文藝春秋，1995年），『光彩の絵画―ミケランジェロ，システィーナ礼拝堂天井画の図像解釈学的研究』（哲学書房，1993年）など

永渕 康之　ながふち・やすゆき
名古屋工業大学工学部助教授
著書：『バリ島』（講談社，1998年），「文化的権威の歴史化とその開示―バリにおけるヒンドゥー・法・カースト」山下晋司・山本真鳥編『植民地主義と文化』（新曜社，1997年），「『正しい』他者となること―大戦間のバリをめぐって」清水昭俊編『思想化される周辺世界』（岩波書店，1996年）

市川 光雄　いちかわ・みつお
京都大学大学院アジア・アフリカ地域研究研究科教授
著書：“Interest in the present” in the Nationwide Monetary Economy : The Case of Mbuti Hunters in Zaire. In, Schweitzer, et al(eds). Hunters and Gatherers in the Modern World (Berghahn, Oxford, 2000年) , Man and Nature in the Central African Forests（編著，1998年）など

菅原 和孝　すがわら・かずよし
京都大学総合人間学部教授
著書：『もし，みんながブッシュマンだったら』（福音館書店，1999年），『会話の人類学』（京都大学学術出版会，1998年），『語る身体の民族誌』（京都大学学術出版会，1998年）など

編著者紹介

〈編・著者〉

川田 順造　かわだ・じゅんぞう

広島市立大学国際学部教授

著書：『聲』（ちくま学芸文庫，1998［1988］年），『アフリカの心とかたち』（岩崎美術社，1995年），『西の風・南の風』（河出書房新社，1992），『口頭伝承論』上・下（平凡社ライブラリー，2001［1992］），*The Local and the Global in Technology* (UNESCO, Paris, 2000) など

〈著者〉

山内　昶　やまうち・ひさし

大手前大学人文科学部教授，甲南大学名誉教授

著書：『食具』（法政大学出版局，2000年），『タブーの謎を解く』（筑摩書房，1996年），『「食」の歴史人類学―比較文化論の地平』（人文書院，1994年）など

佐藤　仁　さとう・じん

東京大学大学院新領域創成科学研究科環境学専攻助教授

著書：『環境学の技法』（共著，東京大学出版会，近刊予定），「豊かな森と貧しい人々」『地球の環境と開発』（岩波講座「開発と文化」第5巻，1998年），『不平等の再検討』（共訳，アマルティア・セン著，岩波書店）など

伊藤 幹治　いとう・みきはる

国立民族学博物館名誉教授

著書：『贈与交換の人類学』（筑摩書房，1995年），『家族国家観の人類学』（ミネルヴァ書房，1982年），『沖縄の宗教人類学』（弘文堂，1980年）など

大塚 和夫　おおつか・かずお

東京都立大学人文学部助教授

著書：『近代・イスラームの人類学』（東京大学出版会，2000年），『イスラーム的』（日本放送出版協会，2000年），『アジア読本 アラブ』（編著，河出書房新社，1998年）など

三尾 裕子　みお・ゆうこ

東京外国語大学アジア・アフリカ言語文化研究所助教授

著書：『東アジアにおける文化の多中心性』（共編著，東京外国語大学アジア・アフリカ言語文化研究所，1999年），『台湾民間信仰研究文献目録』（共編著，風響社，1998年）

シリーズ国際交流《こくさいこうりゅう》7
文化《ぶんか》としての経済《けいざい》

2001年4月25日　1刷印刷
2001年5月10日　1刷発行

編　者　川田順造《かわだじゅんぞう》
発　行　(財)国際文化交流推進協会(エース・ジャパン)
〒107-0052　東京都港区赤坂1-11-28
赤坂1丁目森ビル4階
電話　03(5562)4422
発　売　株式会社　山川出版社
代表者　野澤伸平
〒101-0047　東京都千代田区内神田1-13-13
電話　03(3293)8131(営業)　8134(編集)
http://www.yamakawa.co.jp/
振替　00120-9-43993
印刷所　株式会社　精興社
製本所　株式会社　手塚製本所
装　幀　柴永文夫+中村竜太郎
本文DTP　柴永事務所

ISBN 4-634-47170-1

地域の世界史　全12巻　　全巻完結

1	地域史とは何か	濱下武志／辛島　昇 編
2	地域のイメージ	辛島　昇／高山　博 編
3	地域の成り立ち	辛島　昇／高山　博 編
4	生態の地域史	川田順造／大貫良夫 編
5	移動の地域史	松本宣郎／山田勝芳 編
6	ときの地域史	佐藤次高／福井憲彦 編
7	信仰の地域史	松本宣郎／山田勝芳 編
8	生活の地域史	川田順造／石毛直道 編
9	市場の地域史	佐藤次高／岸本美緒 編
10	人と人の地域史	木村靖二／上田　信 編
11	支配の地域史	濱下武志／川北　稔 編
12	地域への展望	木村靖二／長沢栄治 編

新版 世界各国史 全28巻

＊は既刊

1 日本史 宮地正人

＊ 2 朝鮮史 武田幸男

＊ 3 中国史 尾形 勇／岸本美緒

＊ 4 中央ユーラシア史
モンゴル・チベット・カザフスタン・トルキスタン
小松久男

＊ 5 東南アジア史Ⅰ—大陸部
ヴェトナム・ラオス・カンボジア・タイ・ミャンマー
石井米雄／桜井由躬雄

＊ 6 東南アジア史Ⅱ—島嶼部
インドネシア・フィリピン・マレーシア・シンガポール・ブルネイ
池端雪浦

7 南アジア史 辛島 昇
インド・パキスタン・バングラデシュ・ネパール・ブータン・スリランカ

8 西アジア史Ⅰ—アラブ
佐藤次高

9 西アジア史Ⅱ—イラン・トルコ
永田雄三

10 アフリカ史 川田順造
サハラ以南のアフリカ諸国

＊11 イギリス史 川北 稔
連合王国・アイルランド

12 フランス史 福井憲彦

13 ドイツ史 木村靖二

＊14 スイス・ベネルクス史
スイス・オランダ・ベルギー・ルクセンブルク
森田安一

15 イタリア史 北原 敦

＊16 スペイン・ポルトガル史
立石博高

17 ギリシア史 桜井万里子

＊18 バルカン史 柴 宜弘
ルーマニア・モルドヴァ・ブルガリア・マケドニア・ユーゴスラヴィア・クロアチア・ボスニア-ヘルツェゴヴィナ・アルバニア

＊19 ドナウ・ヨーロッパ史
オーストリア・ハンガリー・チェコ・スロヴァキア
南塚信吾

＊20 ポーランド・ウクライナ・バルト史
ポーランド・ウクライナ・エストニア・ラトヴィア・リトアニア・ベラルーシ
伊東孝之／井内敏夫／中井和夫

＊21 北欧史
デンマーク・ノルウェー・スウェーデン・フィンランド・アイスランド
百瀬 宏／熊野 聰／村井誠人

22 ロシア史 和田春樹

＊23 カナダ史 木村和男

＊24 アメリカ史 紀平英作

＊25 ラテン・アメリカ史Ⅰ—メキシコ・中央アメリカ・カリブ海
増田義郎／山田睦男

＊26 ラテン・アメリカ史Ⅱ—南アメリカ
増田義郎

＊27 オセアニア史
オーストラリア・ニュージーランド・太平洋諸国
山本真鳥

28 世界各国便覧